# 楽しく進める「学び方の指導」

――中学校司書教諭のあゆみ

佐藤敬子 著

全国学校図書館協議会

# 本書を手にとられた方へ

教員は忙しい！　とよく言われます。特に中学校ではさまざまな仕事に加え、生徒指導面でも忙しい場合が多く、現職時を振り返るだけで目が回るような思いがします。ましてや学校図書館やその利活用と指導を……と考えると、なかなかゆっくり１冊の本を手にとって読む時間もゆとりもありません。私もそうであった上に、こういう本を読むのが面倒で、じつは「積ん読」の山でした。しかし、たとえそういう方でも、この本をちょっと読んでみたらやる気が出た、これなら簡単にできそうだ！　やってみよう！　と気軽に実践していただけたらと思います。

最初から系統的な「学び方の指導」を……ということはできません。でも、まずは自分のできそうなことからとにかく「始める」ことが大切なのです。自分の得意なジャンル、やってみたいと思ったこと、そしてなるべく自分も生徒も楽しいと思えることから……。そしてそこから広げていけばよいのです。本書のワークシートやプリントは、使えたらどんどん使ってください。みなさまの実践のヒントになれば幸いです。

今回、執筆の機会をいただいて、「学び方の指導」についてのささやかな実践のあゆみをまとめることができました。一つの例として、少しでもこれから歩む方々のお役に立てば……と思います。

「学び方の指導」をしないと、なんといっても生徒が一番かわいそうなのです。今、目の前にいる子どもたちの未来のために、ぜひ本書を役立ててください。

**知は力！　絶えず自己研鑽を！**

**「学校図書館法」を大切に、みんなで楽しく！**

**いつも夢と理想を忘れずに！**

（私のモットーです）

2016年８月　佐藤敬子

# もくじ

第1章

# 「学び方の指導」とは？

## 1　はじめに――私の原体験

小学生だったころ、ある日突然、我が家に百科事典が来た。母が「何でも知りたいことがあったらこれで調べなさい」と言う。母自身も知識欲旺盛な人だから（85歳の今でも）、それ以来、茶の間にでんと居座った百科事典は引っ張りだこになった。「原色百科事典」と名がついているだけあって、わかりやすい説明に美しい写真や図版が豊富で、次々と出てくる疑問について「リンク」させて調べるのがじつに楽しかった。この、「調べることって楽しい！」という経験を少女時代にできたことは私にとって大変幸せなことだった。

また、母はいつも「新聞を読みなさいよ。どんな教科書より新しいことが書いてあるし、勉強になるよ」と言う。部活動に忙しく、なかなかじっくり読む暇のなかった高校生の私の短い朝食時間中に、「こんな面白い記事があったわ！」などと、嬉々としてコラムや特集のちょっとした部分などを読み聞かせてくれ、短時間でも会話が弾んだものだった。

母は、戦時中に一番好奇心旺盛な思春期を送った。勉強したいと思っても女学校では勤労動員の毎日。そんな母にとって「自分で調べる」ことが唯一の学習手段だったのだろう。

今思えば、私が「学び方の指導」の重要性を痛感し、何とかして、自分で調べて学ぶ楽しさを、生徒たちに味わわせたいと思って実践し続けているのは、ひとえにこの母あってのことかもしれない。

しかし、大学に進学し、それまでの受験用の詰込教育から一気にレポート課題の山になっても、怠け者の私は、しばらくは「レポート」が何なのか、それさえも知らずに単なる「作文」を提出していた。

そんなある日、百人一首の作者について分担して調べるという課題が出て、私には藤原定家が割り当てられた。定家と言えば大御所、資料は山のようにある。大学の図書館でたくさんの資料を広げ、時の経つのも忘れてあれこれと調べ続けた。そうしているうちに、少女時代の「調べることって楽しい！」という感覚がよみがえってきたのだった。

また、ある夏、高校時代に在籍していた音楽部の定期演奏会があった。OBと現役部員の合同ステージで、合唱曲になっている佐藤春夫の「秋刀魚《さんま》の歌」を演奏することになったのだが、送られてきた楽譜の歌詞を読んで驚いた。「なんて変な歌詞だろう！　この人はなぜ秋刀魚を焼いて、その上に涙をしたたらせているのだろう？」と。そこからなぜこんな詩なのか、その背景は？　という疑問がむくむくと湧いて、調べたくてたまらなくなり、夏休みの数日、故郷の公民館の小さな図書室に通って調べ続けた。このときつくづく、純粋に自分が調べたいことを調べる楽しさを実感した。

こんな体験をいくつか重ねて、無事卒業論文も提出し、私は中学校国語科の教員になった。

数年が過ぎて1988年、第26回全国学校図書館研究大会（札幌大会）が開かれることになり、私には「利用指導」（「学び方の指導」）の分科会で発表せよとの指令が下った。しかし相変わらず怠け者で不勉強な私は、それまで「利用指導」とは単に図書館の利用者を増やすにはどうしたらよいか、ということに関する指導だと思っていた。ちょうど学校図書館担当係になって数年がすぎ、利用者を増やすような取組みを図書局の生徒とともにいろいろと実践していたところだったのである。二つ返事で引き受けた。ところがまじめに勉強してみると、驚いたことに違ったのである！

それからにわか勉強が始まり、何とかプレ発表会に漕《こ》ぎ着けたものの、情報カード（52ページ参照）についての基本的な認識を間違っていて、指導に来て下さっていた故佐野友彦先生（当時、全国学校図書館協議会の事務局長をされていた）に叱られ、意気消沈。しかし、そこから奮起して、相変わらず不勉強ながらも実践だけはずっと続けてきた。わかってみればこの指導は、生徒たちの未来にとってじつに大切なものだと痛感したからだ。

## 2 「学び方の指導」とは？

中学校の家庭科では、よくミシンを使ってエプロンを作成する。上手なものから、縫い目がひどく曲がっているものもあり、さまざまなエプロンが出来上がって展示されているのを見るのは楽しい。

ところが、もしも製作する段になって生徒をミシンの前に連れていき、「さあ、これからこのミシンを自由に使って、エプロンを縫ってごらんなさい！」と、いきなり解き放ったらどうなるだろうか。生徒たちは目を白黒させ、おそるおそる手を出してケガをする生徒もいるだろうし、面倒だ！　とばかりに、ミシンは使わずにホチキスで止めてしまう生徒まで出てくるかもしれない。

ところが私たちは往々にして、図書館を使う学習でこれと似たようなことをしている。調べ学習の際に生徒たちを図書館に連れていき、「さあ調べなさい！」と解き放つ。しかし、生徒はまずどこに行ってよいかわからずうろうろする。学校司書がいたらこれ幸いとばかりに取り巻き、大勢で口々に質問攻めにするかもしれない。偶然探し当てた資料をパッと開き、「載ってない、載ってない！」と叫んだり、黙って諦めたり……。何とか一つの資料をやっと見つけても、わけもわからず丸写しする生徒もいるかもしれない。「うちに帰ってインターネットでいいや！」とそのときは適当に時間をつぶし、家でとりあえずどこかのウェブサイトを開き、コピーして貼り付ける。そんな生徒もいるかもしれない。そんなふうにしてできたものが、はたして生徒のためになっているだろうか。さらには発表会をすると読み上げるだけ。ときには自分のレポートなのに読めない文字があったり、質問されてもしどろもどろになったり……。

そんな事態にしないために、この「学び方の指導」がある。正式には「情報・メディアを活用する学び方の指導」。以前からの呼称の「利用指導」と同じである。２００４年４月に全国学校図書館協議会（以下、全国ＳＬＡ）が発表した「情報・メディアを活用する学び方の指導体系表」（１３８ページ参照）は、情報教育の分野からも秀逸であると評判である。

自分の力で解決すべき課題について計画をたて、資料を探し、そこから得られた情報を吟味・評価・活用して新しい情報を作り上げ、それを発信して評価を得る。その一連の流れを生徒たちが体系的に身につけていくための指導こそが、この「学び方の指導」なのである。

## 3 なぜ「学び方の指導」が必要なのか？

日本の小・中・高の学校図書館は、1953年に成立した「学校図書館法」（136ページ参照）に基づいて設置されている。その第2条には学校図書館の設置目的を、「学校の教育課程の展開に寄与するとともに、児童又は生徒の健全な教養を育成すること」としている。この第1の目的の「学校の教育課程の展開に寄与する」というのは、要するに「学校のカリキュラムの展開に役立つ」ということであり、カリキュラムに沿って授業等をしていく時に学校図書館が役立たなければならない、ということに他ならない。つまり学校図書館の利活用である。それが学校図書館の学習センター、情報センターとしての性格を規定している。

だから端的に言えば、学校で図書館や図書館資料を使った授業がなされなくては、学校図書館法にある2つの設置目的のうちの1つは全く達成されないことになる。

それでは、ただ単に学校図書館を使って調べ学習をすればよいのだろうか？

否である。次からの(1)〜(4)のような困ったことにならないように、「学び方の指導」が必要なのである。

### (1)「這い回る調べ学習」にしないために……

2で述べたように生徒たちがうろうろするだけ、よくわからないまま何度も同じことを繰り返すだけ……という、いわば「這い回る調べ学習」(筆者の造語)は時間の無駄であり、生徒たちに必要な力が身につきづらい。調べるたびに無駄を繰り返すだけである。しかし、基礎的な力をきちんと身につけた上での調べ学習なら、繰り返しは効果的なものになる。そのための基礎的な力こそ、「学び方の指導」をすることで生徒たちの身につくのである。

### (2)「書き写し・貼り付け調べ学習」にしないために……

これも2にあるように、偶然見つけたたった一つの情報を、比較・吟味もせず、よく意味もわからずに書き写したり、またはインターネットで調べたどこかのウェブサイトから得た情報を貼り付けて適当につなぎ、それで調べたと思っているのは、生徒にとって不幸なことである。

情報をどう扱ったらよいのか、どう咀嚼《そしゃく》して新しい情報を作るのか、その方法を指導するのがこの「学び方の指導」である。

### (3)「著作権侵害調べ学習」にしないために……

それなりに情報も比較・吟味し、活用して咀嚼し、内容を自分のものにした上で作ったレポートでも、何を参考にしたのかさっぱり書かれていないレポートがある。指導担当者にそれを指摘すると、

「まだ中学生だから、そこまでしなくてもいいでしょう」などという発言もあって驚くことがある。

中学生だからこそ、人が苦労して作ったものを尊重する気持ちを大切にさせたい。著作権についてはしっかり指導すべきである。そのための指導も、この「学び方の指導」の重要な部分なのである。

## ⑷「台本棒読み発表会」にしないために……

せっかく上手にまとめて内容がよくても、発表の仕方がわかっていないと効果がない。

例えば、文章だらけの読みづらいレポート。

例えば、台本のようなものを読み上げるだけの、聞きづらいスピーチ。

例えば、ただ突っ立って説明しているだけの退屈な発表……。

どういう方法で発表するのか。発表物をどう作れば効果的な発表ができるのか。相手に対して、表現方法をどう工夫すればわかりやすくなるのか……。実際に相手のことを考えてこその発表であり、その段階まで指導するのが「学び方の指導」なのである。

ここまでは、「学び方の指導」とはどういうもので、なぜ必要かということを中心に書いた。次章では、「学び方の指導」をするための条件整備について述べたいと思う。

生徒たちの調べ学習（国語辞典・漢和辞典は机上に常備）

# 第2章

# 「学び方の指導」をするための条件整備

前章では「学び方の指導」とは何か、どうして必要なのか？　ということを中心に書いたが、ここからはその「学び方の指導」をするためにどういう準備が必要かを中心に述べたい。

## 1　まず図書館資料がNDC順に並んでいること

公立中学校の教員には転勤がある。私も何度か転勤したが、「さあ、新しい学校でも『学び方の指導』を‼」と張り切って赴任し、学校図書館へ行くと……？

まず、たいていの学校図書館はその配架がよくわからない。あるところは教科別（？）で本がきれいに並べられていたり、またあるところは特別コーナーのオンパレードだったりする。しかしそれらはまだましな方で、単に購入した年度ごとに次々と本を並べていっただけ……という、驚くべきところもあった。

また、書架の上に日本十進分類法（以下、ＮＤＣ）のサインが掲示されているにもかかわらず、その下に違う分類記号の本が入っているところもあった。どうしてかと聞くと、同じ背の高さの本で統一したのだという。「この方がきれいですからね。大体のところはＮＤＣに沿っているでしょう？」と前任の司書教諭が答えたときはあっけにとられた。「大体のところ」が合っていればよいのではないからである。

さらに、あるところでは、本がＮＤＣ順に並んではいるが、何か変な感じがするのでよく見てみると、左から右へ……ではなく、反対に右側の書架から左側の書架へとＮＤＣ順にきれいに配架されている、などということもあった。

このような例を挙げれば枚挙に暇がない。「学び方の指導」の初歩としてまず、ＮＤＣによる資料の探し方を指導しようと思っても、こんな状態ではできるはずがないのである。

そこで、たいていの赴任先では、まず配架から直すことになる。本を全部抜き出して集め、「天国行き」（残す本）と「地獄行き」（廃棄候補にする本）に分け、とりあえず「地獄行き」は箱に詰めて準備室に置く。残った本をＮＤＣ順に並べ、書架も配置換えし、あとは「左から右へ」を原則に並べていく……という手順でリニューアルを進めていくのだが、その詳細はここでは述べる余裕がない。

とにかく、「ＮＤＣ」、正式名称「日本十進分類法」は、日本の多くの図書館を利用するときの基礎知識として必要である。これを知っていればこの先、生徒たちは中学校を卒業してからも一生、図書館で自分の必要な資料を探すために役立てられるのだ。

したがって、「学び方の指導」をするためには、学校図書館の資料がこのＮＤＣに沿って分類され、並べられ、その順に左から右へ配架されているということが大前提なのである。

※「天国行き」「地獄行き」は品川洋子氏（元北九州市公立中学校校長）の言葉である。

書架の上に置くサイン

## 2 サインが豊富にあること

そしてもう一つ、できればサインを豊富にしたい。よくあるのは書架の上に乗っているＮＤＣの十分類（類目）のサインだが、それだけでは足りない。また、ＮＤＣの指導をしたと言っても、生徒たちが皆すぐに理解して自分の探したい分野の資料を見つけられるかというと、なかなかそうはならない。だから、見てすぐわかるような細やかなサインがあるとよい。

予算が潤沢にあればそういうツールも購入できるが、なかなか予算がない場合は手作りする。私が予算がかからない方法として行っているのは、いらない紙箱の再利用である。箱を展開し、裏返して三角柱の形になるように組み立てると、

書架差し込み用サイン

長方形の面が3面できる。その一つの面にサイン（「１００」「２００」など）を印刷したもの（もちろん手書きでもよいが）を貼り、至るところに置いていくのである。

これで、利用者は上を見ればこの書架の本はＮＤＣのどの分野かがわかる。また、「４１０」「９１３」など、二けた目や三けた目まで、さらには「９１３　ア」などと著者記号まで含めてサインを置いた方が探しやすい場合は、厚紙にそれを書いたものを貼って本の間にどんどん差し込んでいく。これも以前、紙ファイルが大量に捨てられていたとき、その表紙を切り取ってこの仕切り板に再利用したことがあるが、丈夫で大変効果的だった。

このような、サインを作って置いたり差し込んだり……という方法はじつに単純だが、たくさんあることで利用者にわかりやすくなり、効果的である。とりわけ生徒たちにとっては、「無言の『学び方の指導』」にもなるのである。

## 3　資料が新鮮で豊富であること

学校図書館の資料は図書だけではない。『学校図書館ＡＢＣ』（全国学校図書館協議会）の分類を見

### 学校図書館資料の構成

- 学校図書館資料
  - 図書資料
  - 図書以外の資料
    - **逐次刊行資料** …新聞、雑誌、研究紀要、等
    - **ファイル資料** …切り抜き、パンフレット、リーフレット、地図、等
    - **視聴覚資料** …レコード、録音・録画テープ、録音・録画ディスク等、紙芝居、スライド類、映画フィルム、OHPシート類、等
    - **電子資料** …CD-ROM・DVD-ROM資料、Webサイトの資料、等

ても、図書以外の資料として、パンフレット、リーフレット、雑誌、新聞といったものから、視聴覚資料、電子資料等まで、さまざまなものが挙げられている。これらすべてを指して「学校図書館資料」と呼び、できる限り豊富な種類の資料をそろえることが必要である。

おおよその学校図書館資料の構成を図で示すと、上のようになる。これはほぼ、前述の『学校図書館ＡＢＣ』に準拠しているものである。

「学び方の指導」を実施するためには、図書資料の中でも特に、「調べるための本」としての「参考図書」は重要である。

これは、「レファレンスブック」とも言われ、百科事典、種々の事典・辞典類、年鑑、図鑑、地図、統計資料等がそれである。

これらを集めて統一した分類シールを貼り、「参考図書コーナー」（レファレンスブックコーナー。その中でＮＤＣ順に配架する）を作るのだが、もし何らかの理由ですぐ

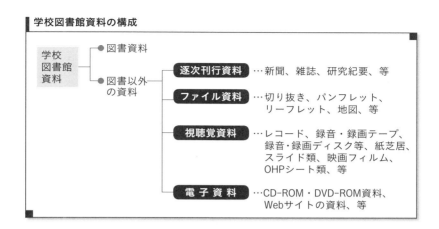

参考図書コーナー

には作れずに一般の書架に配架してある場合は、参考図書シール等を貼って他と区別しておくと指導しやすい。

これらの「参考図書」は中学校の場合、特に、多様なジャンルで、なおかつ読解レベルの面でも幅広い資料を用意する必要がある。それは対象とする生徒の層がさまざまだからである。小学生でも読めるようなルビが振ってあるものも必要だし、反対にかなり専門的なことを詳述しているものまで準備しておかねばならない。予算の限度はあるが、そういうことを考慮して資料収集の方針を立てなければならないのである。

また、よく言われるように、学校図書館資料は新鮮でなければならない。いくら資料が豊富にあっても、データが古いものは使えない。学校図書館は保存図書館ではない。40年前の百科事典はいらないのである。私も実際に経験したことだが、古いものがあると生徒の学習に害を及ぼすことさえあるのだ。いつも新鮮な資料がそろっているように、廃棄・更新等の処理を毎年きちんとすることも大切である。

## 4 全教職員が「学び方の指導」を知っていること

「学び方の指導」を進めていくときに大切なのは、「一人だけではできない」と知ることだ。もちろん自分一人でもやろうと思えば、担当する教科や学級活動、総合的な学習の時間などでできる。しかし、この指導を他の教員が知らなければ、自分以外の人が図書館を使って授業するとき必ず無理や無駄が生じる。校内教職員の誰もが「学び方の指導」の存在を「知っている」こと、そしてそれが今、生徒たちにどこまで浸透しているのかをわかっていることが大切なのである。

私も始めたときは自分一人だった。ところがやってみるとこれが楽しい。生徒たちにも好評である。何より、自分の教科だけに限る内容ではない。これは！　と思い、周りの教職員たちに話した。すると自分もやってみたいという人が現れ、同じ教科内、同じ学年内……と広がっていった。そのうち、ただ単に口コミだけでは……と思うようになり、職員会議や研修会で説明する機会を得た（次ページ参照）。少しずつではあるが、いろいろな機会に「学び方の指導」を説明することで、皆の意識にも上るようになった。年度初めには周りの教職員の手を借りて計画を作り、年度末には実践結果一覧をまとめて提示するようにもなった。さらに、生徒への指導をなるべく放送で行ったことや、教職員向

学校図書館の利用について――年度当初の職員会議で出す

2014,4,4

# ○△○中学校図書館の利用について

文化部図書係（司書教諭）

※この図書館の正式名称は「学校図書館法」に基づき，「札幌市立○△○中学校図書**館**」です。
「図書室」は「室名」なので、ふだんは「図書館」と呼んでください。

## 1．日常的な閲覧や貸し出し・返却等について

1，開館は、月～金曜日は１６時４０分まで、完全下校時は清掃時間終了までとします。閲覧・貸し出し・返却の中心は昼休みですが、放課後もできる限り開館したいと思います。完全下校日の放課後（清掃時間のみ）は原則として返却と処理作業のみです。開館の主体・責任は司書教諭であり、図書局員の仕事はその手伝いです。

2，貸し出し・返却の処理はコンピュータで行います。予約制度や特別貸出制度もあります。購入希望は所定の用紙で、いつでも受け付けます。

3，貸し出しは生徒は通常１人３冊まで、職員は１０冊までとします。ただし指導のためさらに必要な場合は言って下さい。また、期間によっては貸し出せる冊数が増えるときがあります。利用者バーコードはカウンターで管理していますので、手ぶらで借りに来られます。返却もカウンターか、もしくは入口の返却箱に入れるだけです。

4，緊急に持ち出す（持ち出した）場合は、必ず係まで言って下さい。決して無断で持ち出さないようにお願いします。

## 2．授業や行事等の利用について（学習・情報センターとして）

1，司書教諭は学年や分掌を超えて学校全体の図書館教育に関する様々なこと（指導計画，指導に当たっての授業者への相談対応（レファレンス）、図書館における授業でのＴＴ等）について関わります。いつでもご相談ください。

2，図書館を利用する時間の重複を避けるために、利用者は前もって職員室に掲示してある表に書き込んで下さい。重なる場合はできる限り調整したいと思います。

3，教室へ資料を運んで利用することも出来ます。また、寄託図書を借りて図書館内外で授業することも出来ます。資料で調べる課題を出すときなども気軽にご相談下さい。事前に準備し、時間が空いていれば当日の生徒への対応などもお手伝いします（ＴＴなどの形で)。資料の紹介や活用のしかた，情報のまとめかた等の指導・アドバイスなどもします。司書教諭による読み聞かせやブックトーク等を取り入れることもできます。

4，札幌市が全国に誇る「寄託図書制度」の積極的活用を。方法は係までお気軽にどうぞ。借りる日の１０日くらい前までに申し込まなければならないので、早めに言って下さい。そのうち計画表を作りたいと思いますので、ご協力下さい。

5，「ブックさぁくる」も札幌市の公共図書館から借りられる便利な制度です。寄託図書にはない本や、１冊だけ使いたい場合も（個人的に読みたい場合も）使えます。学校まで運んでくれるので、じつに便利です。方法も簡単ですので、係まで言って下さればすぐに対処します。

6，ＮＩＥ（Newspaper In Education）の活動は図書館でもします。（これから１紙のみとる予定です。）図書だけでなく，新聞，雑誌，切り抜きやパンフレットなども置く予定ですので、資料としてぜひご活用下さい。

7，書架（本棚）に並んだ図書は、ぎりぎり手前まで出してあります。押し込まないようご指導下さい。

**※資料活用学習（調べ学習）での重要ポイント**

①参考資料を明記させること。

②丸写し（コピペ）させないこと。

この２つは、中学生でもしっかり守らせることが大事です。著作権等についても疑問なことがあればいつでもご相談下さい。

けの広報で指導の進捗状況を知らせたりしたことも、教職員の理解を広める一助になったように思う。

この辺りの経緯については、４章に詳述したいと思うが、このような段階を踏んで自然に全体的な教職員の理解ができていくと、効率的に「学び方の指導」を行っていけるようになるのである。

まず、最初は「こういうものがありますよ」程度の「お知らせ」と、簡単な指導ポイントだけでよい。とにかく、「学び方の指導」の存在を皆に知らせることや、少しでもわかってもらうことが大変重要なのだ。

次章からは「学び方の指導」の展開例をいくつか紹介したいと思う。

こぼれ話

## 「どこへ行ってもリニューアル!」

公立学校の教員は異動（転勤）がある。せっかくひとつの学校図書館を作り上げても数年経つと異動。札幌市は市内の異動だが、同じ市内でも学校図書館はどこも違う。まずどこへ転勤しても最初にするのは学校図書館のリニューアルだった。

転勤が決まって旧年度内にあいさつや引き継ぎに行くのだが、まず学校図書館を見ると「うわ〜っ!」と思ってしまう。「また初めからやり直しか……」と、しばらくショックから立ち直れない。が、そのうちむくむくと「やらなくては!」という気持ちが湧いてきて動き出す。どうしても最初にしたい学び方の指導である、「MY FAVORITES」（38ページ参照）があるのだ。その前になんとしてもNDC順にきちんと配架された学校図書館にしなくては……。そう思ってまずいろいろな物を捨てたり配置換えしたり……、という館内リニューアルから始まる。

まずは、一番気になっているところから少しずつ手をつけてあれこれやってみるうち、順番がわかってくるので、具体的にリニューアルをどうするか計画をたてて進める。また、やっているとたいてい手伝ってくれる人が現れる。用務員さんだったり、その辺を通る先生だったり、生徒だったり。もちろん図書委員や図書局員は全員集合。その年度の委員が決まっていなくても、それまで委員だった生徒たちを集める。さらに、図書館の掃除当番学級が決まっていれば、その生徒たちも総動員だ。事務職員や、学校出入の業者さんにも声をかける。どんな人からも助けを借りた。

なかでも用務員さんは一番の協力者だ。書架ひとつ動かすにもとにかく重い。とても一人では動かせないのである。また、壊れている物も多く、その修理をしてもらったことも数知れず。窓下書架を作ってもらったこともある。床から根の生えたカウンターや掃除用具箱をチェーンソーで切り取ってもらったこともある。「いやあ、校内でチェーンソー使ったのは初めてだよ～」と楽しそうに笑っていらっしゃったのが忘れられない。

片付けているとものすごい時代物がたくさん出てきたりする。館内ではいらないが他で使えそうなものがあったときは、朝の打ち合わせで「使う方いませんか?」と毎日のように聞いていた。そのうち「今日は何が出てくるだろう?」と先生方にも面白がられるようになった。とにかく話題にすることが大切なのである。

職員向け広報にもリニューアルの意義や経過等を書いて出した（次ページ参照）。職員室でもとにかく困った困ったと騒ぐ。

資金援助は管理職や事務職員なら得意な分野だ。ある校長先生は、古くてガタガタになった机や椅子の写真を撮り、それを持って行っては何度も掛け合い、教育委員会から購入用の予算を取ってきてくださったし、またある教頭先生は地域企業からの補助金を図書館用に振り分けてくださった。

学校中を歩くのもよい。使えるものはないかと探す。時にはゴミ捨て場からもよい物が見つかる。ゴミをあさるのはあまりかっこよくないが、時にゴミはお宝なのだ。

……と、とにかくリニューアルについて述べていたら、別に1冊本が書けそうなくらいなのでこの辺で切り上げておくが、要はリニューアルするときは一人で頑張らず公開して皆を巻き込むこと。この姿勢が一番大切なのである。

職員向け司書教諭だより

# ○△○中の学校図書館！

2014，4，14 発行　○△○中学校**職員向け**司書教諭だより No. 1

## なぜ「図書館改造」か？

○△○中の図書館にはいい本がたくさんあります。３月末の打ち合わせに来て前任の○×先生と引き継ぎをした時、「いいなあ、この本もこの本も、お金があったら○△×中でも欲しかった本だあ！」と叫んでいました。

では、着任して以来、「改造」「改造」と叫んでは段ボールをもらい、図書館でいつもごそごそしている私。なぜ今までの図書館ではいけないのでしょうか？

### 〈　○△○中学校図書館の診断　〉

1，**狭い**！物理的に面積が狭いのに加えて、真ん中に大きく部屋を分断するように書架（本棚）がどーんとつながって置かれているので、入ったとたん息苦しさを感じるほど狭い印象がある。

2，真ん中に書架があるせいで生徒の席が**分断**され、**授業で使えない**。

3，**どこに何があるかわからない**。新しく入った本などがＮＤＣという図書館の分類通りに並んでおらず至る所にいろんな番号のラベルの本がある。これでは本が探せないし、国語科１年生で指導しなければならない分類（NDC）と配架（本の並べ方）について指導できない。おまけにかなり古い本がたくさんある。

※この３，については…札幌市が文科省の冊数達成基準（平成５年）になるように５か年計画で予算をつけ、生徒に対して１００％に満たない学校には、この数年間かなりの金額を出してくれました。そのためこの間毎年１００万～２００万円位の予算が付いたのですが、急に大量に購入したため、入る場所がなくなって困り、とりあえず入れたためと思われます。少し廃棄処理をしようとしても１００％になっていないから捨てるな！という指令があり、古い本でも捨てられなかったものと思われます。

4，窓が広いため光が入って本が焼け、**本の背表紙の文字が見えなくなっている**。

5，**床がかなり汚い**。

### 〈　そこでこうしました・しています　〉

1，すぐにカーテンを閉めました。暗いけれど照明に頼るしかありません。（遮光カーテンはぼろぼろですが…。）

2，「地獄行き」の本を詰める・・・まず古い本を抜き出してとりあえず箱に詰め（将来の廃棄候補）、片隅に積む。または、司書室のどこかに置く。そのため段ボールを大量にいただいたのです。（まだ足りません…ある方はよろしく！！）美術全集などは美術室に持って行ってもらい、「別置」としました（△△先生ありがとうございました）。

3, 司書室の片付け・・・上のことをするには、司書室も片付けて場所を作らなくてはなりません。かなりたくさんあったゴミや不要なものを出し、大きなものは5月の廃棄まで１学年活動室に置かせていただくことになりました。古いテレビ台、古い給食ワゴン２台があります。（どなたか使う方は活用しては？）いろいろ出たゴミは、１年生が帰るときに分けて運んでもらいました。多くの１年生は快く手伝ってくれました。さらに今のところ、古い茶箪笥やソファなどもあり、どうするか考慮中です。

4, 書架（本棚）の並び方を変える・・・図書館内の書架（本棚）の並び方を変えて、中央で分断しないよう片側に寄せ、併せて「参考図書コーナー」（百科事典や図鑑など、調べるための本ばかりを集めたコーナー）を作っています。これで大きいものが多い参考図書が分けられ、一般の本が並びやすくなります。また、入口右にあった古い百科事典（ソ連が現役！）が入っていた書架を司書室の隅に移し（×△先生ありがとうございました）、廃棄候補の本などを入れる予定です。

## 〈 これからどうするか？ 〉

1，空になった黒板横の大型書架を、何とか司書室を片付けた後入れる。**←力を貸して下さい！**

2，中央の書架（６台あり）の中の本を全て出して、机上に並べる。

3，空いた背の高い書架１台を黒板横へ。背の低い書架１台を入口右に。もう１台の低書架を黒板下へ。古いカウンターは廃棄（連休明けとのこと）。この入口付近を文学や新着のコーナーにします。

4，背の高い書架のもう１台は、文学の本が入っている古い書架と取り替えます。古い書架は棚の高さの調節が出来ないので･･･。**あと２台残る中央の低書架をどうするかは考慮中**。

5，周りに書架が並んだら、全部の本を出してさらに廃棄候補は箱に詰め、残りを分類ごとに分けて、０番の「総記」から９番の「文学」まで並べていきます。**「郷土資料」のコーナーをどこに作るかは考慮中**です。

6，文庫本をもう抜いてあります。これらは回転書架を購入していただいてからそこに収めます。

7，床は、何とかして書架以外の所を、（そのうち）きれいにしてワックスを掛けていただければ幸いです。

･･･と、こういう順番でやっていこうと思いますが、果たしていつ出来るか･･･。何とか5月には開館したいのですが･･･。

生徒もよく手伝ってくれます。また図書局員の中からも昼休みや放課後などに自主的に来てくれる子もいます。局活動が始まったらどんどんやってもらおうと思っています。

また、何と言っても事務室の○○さんにはいろいろと相談にのっていただいたり、用務員さんの□○さんには実際に動かしていただいたりして、本当にお世話になっています。これからもよろしくお願いします。

先生方もいろいろお知恵をお貸し下さい。また、特に「うちの娘より若い」先生方には力仕事等のご助力も大いに期待しています！！よろしく･･･。

# 第3章 「学び方の指導」は楽しく！ ——展開例あれこれ

前章では「学び方の指導」をするためにどういう準備が必要かを中心に述べたが、ここからは「学び方の指導」の展開例をいくつか紹介したい。

## 第1節 まず年度初めに……

展開例の中でも、できれば年度内の早いうちに行っておきたい2例を紹介する。

### 1 年度初めの「図書館学活」——放送を使って

学校図書館の利用は、以前から中学校の学習指導要領に位置づけられている。現行の学習指導要領には、「第5章特別活動」の「学級活動(3)学業と進路」に「イ　自主的な学習態度の形成と学校図書館の利用」という項目がある。だから当然、各中学校でも学級活動（学活）計画の中に位置づけられているべきものなのである。ところが、きちんと計画に入っているかどうかは怪しい。文言としては入っていても実践段階になると消えている場合も少なくないのである。なんとしても計画に位置づけ、実際に時間をとらなければならない。しかも、単なる「図書館の使い方」というエチケット指導でお茶を濁していてはいけないのである。

そう考えて、校内の各分掌に働きかけてなるべく早め（4月が望ましい）に、全校生徒を対象に司書教諭が行う「春の図書館オリエンテーション学活」を1時間、放送で実施する。「放送で」というのがポイントで、学級担任は学級にいていわば「T2」的な動きをしてもらう。そうすればどの学級も同じ内容で行える上に、学級担任もいつの間にかきちんと理解してくれるようになる。また、できれば職員室にも放送を流してもらう。こうすると学校図書館に対する教職員の共通理解という点でかなり効果的になる。

以下はその手順である。

＊

①オリエンテーションのある日は、朝のうちから教室に日本十進分類法（以下、NDC）の表を貼ってもらい、「今日1日はよく見ておくように」と学級担任から指導してもらう。

# ☆学校図書館ABC【××○○年度版】☆

♪○△○中学校図書館　利用のしおり♪

## 1．学校の図書館ってなあに？

ひと口に「図書館」と言っても，いろいろな種類がありますが，その一つに「学校図書館」があります。「公共図書館」とちがうところは，「学校での学習や，学校内のいろいろな活動に役立つこと」をその重要な使命にしているところです。（これは「学校図書館法」という法律でちゃんと決まっていることです。）

つまり，学校図書館というものは，学校の中の「資料センター」「情報センター」「メディアセンター」というべきところなのです。もちろん「読書センター」でもあります。

ですから，ただ単に本を読む，借りる・・・というだけでなく，自分で調べたり学習したりするためにも，大いに図書館を利用して下さい。興味のあることを心ゆくまで調べるのは，じつに楽しいものです。調べたいことがあるとき，調べる課題が出たとき，まず頼って下さい。図書館はそういうとき，いつもあなたの心強い味方になるのです。

## 2．○△○中の図書館は？　（××○○年４月現在）

※この中には図書館の配置図を書きます。
手書きのイラストなども、味があってよいでしょう。

閲覧室（読んだり調べたりするところ）の広さは約２教室分。図書は９９００冊。他に，ファイル資料（パンフレットやリーフレットや切り抜きなど）も収集する予定です。また，館内のコンピュータは，インターネットや新聞社の記事のデータベースが検索できるようになっています。

閲覧机には，すぐ使えるように，国語辞典が置いてあります。また館内には図書館の司書教諭や図書局員がいて，利用に関する相談（レファレンスサービス）に応じたり，借り出し･返却の手続きをしてくれます。

また，図書は**ＮＤＣ**というものによって並んでいます。

- 1 -

## 3. NDCってなんだろう？

図書館にあるたくさんの図書。それを分類し，整理する方法を**NDC（日本十進分類法**）と言い、**日本中どこの図書館へ行っても通用する**ので，理解していると便利です。覚えましょう。図書の「背」に貼ってあるラベルの3けたの数字がそれで，**「分類記号」、「請求記号」**と呼ばれています。


０００番台・・・「総記」（下のどれにも入らないもの。またはどれにも当てはまるもの。）

１００番台・・・「哲学・宗教」（人生，生き方についてなど。）

２００番台・・・「地理・歴史」（１・２年生の社会科向き。伝記もここ。）

３００番台・・・「社会科学」（３年生の社会科関連。進路や世の中の話なども。）

４００番台・・・「自然科学」（数学，理科，保健体育科関係）

５００番台・・・「工業・工学」（技術・家庭科関係）

６００番台・・・「産業」（いろいろな産業について。園芸，ペットなども入る。）

７００番台・・・「芸術」（美術・音楽・体育・遊び・レクリエーションなども入る。）

８００番台・・・「語学・言語」（ことばに関するもの。英語科関係も。）

９００番台・・・「文学」（詩・短歌・俳句・小説・随筆・紀行・日記等。外国のものも。）

**＜ラベルはこうなっている！＞**

９１３ --- **分類記号**（請求記号）　９＝文学　１＝日本　３＝小説を示す。
ア --- **著者記号**・・・・・・分類番号の中では、このアイウエオ順に並んでいます。
１ --- **巻冊記号**・・・・・・１巻、２巻、という場合なので、無いものも多い。

※９１３は**「キューイチサン」とバラバラに読みます**。それぞれの数字は**独立**しているのです。

※このラベルの他に，赤くて丸いラベルの**「禁帯出」**（館外持ち出し禁止。借りられません）や，緑色の**「参考図書」**（参考図書コーナーの本），白くて中に「郷」と書いてある**「郷土資料」**（郷土資料コーナーの本）があります。

このNDCに沿って，図書館の本は**「上から下へ」「左から右へ」を原則**として並んでいます。図書を探すときはこれを頭に入れておくとよいのです。ただし**大型本は，途中に入らないときは一番下の段に入っている**ので注意！　また，NDCとは別に、**コーナー**を独立させているところもあるので，それは表示を見て下さいね。

**※特別コーナーのいろいろ**

●参考図書コーナー・・・・・・事典・辞典・図鑑・年鑑・地図・統計資料・白書など「調べるための本」をここにまとめてあります。並び方は，この中でNDC順になっています。

●郷土資料コーナー・・・・・・○○県・△△市、××区など、わたしたちの郷土に関係する資料が並んでいます。

●その他、マンガ・日本の古典・文庫本・絵本の各コーナーもあります。

**※図書の並び方例**

（ここに手書きで書架の様子を載せる。）

- 2 -

## 4. ○△○中図書館の上手な使い方

### （１）貸し出し・閲覧（館内で調べたり本を読んだりすること）の時間

・平日は昼休みと放課後が利用の中心ですが授業中にも許可を受けて利用できます。

・完全下校の日も返却はできます。入口の箱に入れておくだけでOK。
館内で使った本などは，**使い終わったら必ずもとの場所に**もどしましょう。
本はＮＤＣ順に並んでいるので，ちがうところに入れてしまうと，次に使いたい人が困ります。要注意！！また，**館外に持ち出すときは，必ず手続きを**してからにして下さい。

### （２）貸し出し・返却の手続き

①通常貸し出し

　自分の借りたい本をカウンターまで持って行く。１週間に３冊まで。学年・組・氏名を言って（または名札を見せて），カウンターの中の人（司書教諭や局員）に手続きをしてもらう。これでもうＯＫ！

②返却

　借りてから１週間後までに返却する本を持ってカウンターへ行くだけ。カウンター内の人に確認してもらったら終了です。

※貸出期限を守りましょう。もちろん早く返してもよいのです。

※読み切れなかったら次の予約者がいなければ**１週間のばせます**。返却カウンターに本を持ってきて，「延長したい」と言うと，手続きしてくれます。指示に従って下さい。

※借りたい本がほかの人に借りられているときは，**「予約」**ができます。カウンターに置いてある「予約申込用紙」に書き，カウンターに出して下さい。その本がもどってきたら連絡します。

※借りたい・使いたい本を**リクエスト**できます。「リクエスト用紙」に書き，カウンターに出して下さい。購入されれば一番に借りられます。（購入するかどうかは図書館で決定します。）

### （３）特殊な貸し出しについて

①特別貸し出し

　「禁帯出」の赤いラベルが貼ってある図書や緑ラベルの「参考図書」でも，調べ物でどうしても・・・という場合には貸し出すこともできます。必ず図書館の司書教諭まで言いに来てください。（これは局員に、ではだめです。）指示された期間内に必ず返却するようにしてください。

②長期貸し出し

　夏冬の長期休業中には，通常より多く借りることができます。（冊数はそのときに連絡します。）大いに利用しましょう。

③寄託図書貸し出し

　△△市全体の財産である「寄託図書」というものがあり，同じ本がたくさんそろっています。学校全体として他の学校から借りるもので，コンピュータ貸

- 3 -

し出しはできません。本の中の「ブックポケット」にはいっている**「ブックカード」に自分で記入して局員に渡す**ことで借りられます。いろいろな図書館行事の時に貸し出しますので，これも大いに利用しましょう。良い本がたくさんありますよ。

## （4）図書館を気持ちよく利用するために

自分一人だけの図書館でも本でもありません。皆で気持ちよく利用できるように，**本などの資料を大切に扱う**こと，**返却期限を守る**こと，館内では**他の利用者に迷惑をかけないようにする**ことなど，特に気をつけてください。なお、**本は手前まで出してそろえてあるので押しつけないで**くださいね。**マナーを守って**，有意義な利用を！

## 調べものをするときは？

何か調べたいこと，知りたいことがあるときは，図書館の先生（司書教諭）へ。相談にのります。（レファレンスサービスといいます。）読書についての相談ももちろんOKです。

また調べるための本（「参考図書」といいます。）はコーナーを作ってありますので，調べるときにはまず，これらの本を活用しましょう。

●「百科事典」は、まず調べたい事柄を**「索引」の巻**で引きましょう。すると、何巻の何ページに載っている･･･ということがわかるだけではなく、それに関連したことも出ているので、さらに深く広く調べる手がかりになります。その他の辞典・事典や図鑑でも、初めの**「目次」**や最後の方の**「索引」**を上手に使って引きましょう。いきなり真ん中を開いても目的のものは見つかりません。

●調べる本は、**なるべく新しいものを**使いましょう。最後の**「奥付」**の部分を見ると、何年に発行されたかがわかります。古いものを使うとデータや内容が違っていることがあります。必ず確認してください。

●調べるときには、**1冊だけでなく、複数の資料を**使いましょう。１冊では内容が違っていても比べられません。**情報は比較して使いましょう**。

●すぐにインターネットに頼るのは危険！「インターネットの９割は信用できない」という説もあります。**でどころをしっかり確認して信用できるところのものを**使いましょう。

●自分で調べたことをまとめるときは、**「丸写し」や「使ったものを明示しない」のはだめ！**
著作権の面でルール違反です。マナーを守ってまとめましょう。

※この「しおり」は大切なものです。自分で保管し，利用の際に役立ててくださいね。

| 年　　組 | 番 | 氏名 |
|---|---|---|

- 4 -

②図書館学活が始まって放送を開始する前に、司書教諭が作成した「学校図書館利用のしおり」(以下、「しおり」)を学級担任から配布してもらう(3分)。

③生徒はこの「しおり」を見ながら、音声放送による司書教諭の説明を聞く(12分)。毎年行うので3年生は3回目になるが、繰り返すことも大切である。学年別に実施する場合は、学年が上がるにつれてこの時間を短縮しながら指導することもできる。

④学級担任が「図書館クイズ」を配布。NDCに関する問題で、「しおり」を参考にして解いてよいが、学年を追うごとに難しくなるように作っているので、3年生用ともなると「しおり」を見てもけっこう難しい。説明をよく聞いていなければ解けない問題もある。「図書局員は当然わかると思いますが……」などと放送途中にプレッシャーをかけるので、教室で笑いが起きたりする。大体の生徒ができれば学級担任が答えを発表する(10分)。

⑤その後、テレビ放送を実施する。図書館での調べ方についてのDVDを視聴し、生徒はメモをとる(1・2年生は穴あきメモに書き込み、学級担任が答えを発表する。3年生は自分でメモをまとめる)という形で理解を深め、最後は回収する(20分)。

ほぼ1時間をフルに活用して学ぶので、例年けっこう評判はよい。DVDについては2・3年生は2回目・3回目となるのだが、見るたびに新鮮で理解が深まるようだ。

それになんと言ってもこの指導を早い時期に放送で行うことの大きな収穫は、前述したように、生

図書館オリエンテーション

# 1年生用図書館クイズ　出来るかな？

1年　組　番氏名（　　　　　）

## 1，こんなときどこの書架（本棚）へ？

①社会科で，世界のいろいろな国について調べてレポートを書きなさいという課題が出た。使いたい本や資料はどこに？

→（　　　　　）コーナーやNDC（　　　）番の書架に。

②バスケット部に入った。ルールについて解説してある本を読みたい。

→NDC（　　　）番の書架へ。

③将来の進路についてどんな職業があるのか，どうしたらなれるのか調べたい。

→NDC（　　　）番の書架へ。

④学校祭のテーマを考えるのに「仲間」と言う言葉を英語にしてみたい。

→（　　　　　）コーナーの（　　　）辞典を引く。

⑤学校祭で自分の学級は演劇をすることになった。その台本を探したい。

→NDC（　　　）番の書架へ。

⑥学年集会でゲームを企画することになった。いろんなゲームが載っている本はないか探したい。

→NDC（　　　）番の書架へ。

## 2，次の題名の本はNDC何番の書架（棚）にあるかな？

①『おりがみ遊面体』→（　　　）番

②『たまごサラダ　こんがりパン』→（　　　）番

③『ぼくはへそまがり』（「のびのび人生論」シリーズのうちの１冊）→（　　　）番

④『ダイエットってなんだろう？』→（　　　）番

**※（　　　）の中には１００，２００・・・９００というように書いてくださいね。**

**自分で考えてどのくらいできましたか？自力で7つできたらあなたはもう図書館の「通」です！**

徒だけでなく教員集団での共通理解ができるという点である。生徒が学び方を学ぶためには、まず教員も自校図書館への理解なくしてはできないのだから……。

また、この方法は、「司書教諭」を意識してもらう点でも大変効果的である。

大きな学校の入学式では1学年に関わる教職員のみ紹介されのがつねである。しかし、もし1学年に所属していなくても「司書教諭」として紹介してもらおう。学校全体の司書教諭であるからだ。

しかし、そうやってせっかく紹介してもらっても時間が経つとやはり忘れられるもので、図書館に来た1年生が「このおばさん、だれだろう?」という顔をすることもある。そこで、この機会に「司書教諭」をPRする。すなわち放送の初めに「こんにちは。図書館の司書教諭、佐藤敬子です。『司書教諭』です。『紫蘇《しそ》醤油《しょうゆ》』ではありません。毎年うまく発音できない人がいますが、しっかり発音して下さい」と始めるとユーモラスでもあり、印象が強くなってよく話を聞いてくれる。この放送は一石何鳥もの効果があるのだ。

なお、この時間の後半で使用しているDVDはポプラ社の「ズッコケ三人組の　図書館で調べよう」というもので、少々古いが、内容としては短い中にも「学び方の指導」の初歩の要素がぎっしり詰め込まれ、しかもわかりやすい点が大変よい。登場人物も小学校のころからのおなじみなので、生徒も親しみやすい。新しい版が出ないものかと思っているが、どうなのだろうか……。

第3章

『ズッコケ三人組の**図書館で調べよう**』視聴メモ（　月　日）

（1・2年生用）　年　組　番氏名

※これから始まる総合や教科の調べ学習等に、たいへん参考になる DVD です。メモをとりながらしっかり視聴しましょう！

**→ズッコケトリオのクラスで、世界遺産について学んでいるうちに、班ごとにテーマを決めて調べることになりました。3人が選んだのは青森県の白神山地。はたして・・・？**

★しっかり要点をつかみ、（　　）にメモしてみよう。「課題設定」から「調べ方」、「まとめ」に向かっての方法がよくわかり、とても参考になります。よく見てね！

**メモらん**

●調べるテーマは簡単に「白神山地」にすぐに決めてしまってはダメ。テーマを決めるときにはできるだけ（　　　　）的にしぼりこもう！

→まず、「白神山地」について、パンフレットや（　　　）事典を見る。その説明の中のよく分からない言葉やものごと・疑問等をたくさんあげてみて、さらに分担して調べる中から、自分たちが調べるべき本当のテーマをつくりましょう。

→こういうときなんといっても役に立つのは（　　　）事典！

（　　　）別のものと（　　　）別のものがある！どちらも（　　　　）をひくと、さらに関連する項目もわかりますね！

※本の他にどんなもので調べられますか?

この事典を使うときは、発行年に気をつけて！！これは（　　　　）を見ると書いてあります。はじめの方の注意事項（「　　　」といいます）も読んでから使いましょう。この事典の他にも、調べるための本はいろいろある！！

●ものを調べるには、一番（　　　　）い資料にあたろう！

●たくさん資料を集めたら・・・（　　　　　　　　　）を作るといいね！

→新しいこと、「今」のことを調べるには・・・？

・新聞の（　　　　）版や、新聞社のデータベースを利用するとよい。

**※本校図書館でもデータベースが使えますよ！**

・図書館にもある（　　　　　　　　　）を使ってもよいけれど、必ず出どころの確かなものを使おう！

●まとめ方や発表のしかたを（　　　　）してみよう！

→人がまとめた本などには（　　　　）がある！

マナー①（　　　　）はダメ。必要なことをまとめること。図や表も。

まとめるには（　　　　　　）が便利。**※本校図書館にもあり！**

マナー②（　　　　）するときには「出典」といって、その資料の名前や人、出版社などを書くこと（『○○○○』（△△社）というように）。

『ズッコケ三人組の**図書館で調べよう**』視聴メモ（　月　日）

3年　組　番氏名

※これから始まる総合や教科の調べ学習等に、たいへん参考になる DVD です。メモをとりながらしっかり視聴しましょう！

**→ズッコケトリオのクラスで、世界遺産について学んでいるうちに、班ごとにテーマを決めて調べることになりました。3人が選んだのは青森県の白神山地。はたして・・・？**

★今年はこの視聴も３回目です。しっかり自分で要点をつかみ、メモしてみよう。どうやって課題を設定しているか、参考になります。よく見てね！

**メモらん**

第3章

こぼれ話

## 「図書館の紫蘇醤油」

いつも最初の放送で使う「紫蘇醤油」話。これも本当にあった話である。

ある中学校での最初の図書館学活の放送で、「皆さん、こんにちは。図書館の司書教諭、佐藤敬子です」といつものように始めた。するとそれが終わった日の放課後、階段ですれ違った1年坊主のO君が「あっ、図書館の紫蘇醤油の先生だ!」という。周りにいた友だちが「司書教諭だべ!」と指導。しかし彼はどうしてもうまく発音できない。「シショショウユ」「シソキョウユ」と皆でまるで早口言葉の練習会のようになった。練習会でうまく発音できないのはO君だけでなく、けっこうたくさんいた。皆で大笑い。

それ以来、私は「紫蘇醤油」になった。その後赴任した学校からは最初の図書館学活放送でそのエピソードを使わせてもらっているのだが、「司書教諭」を覚えてもらうのにはじつに効果的である。

## 2 「MY FAVORITES」

例年、国語科で、1年生のなるべく早い時期に1クラスずつ図書館でこの指導を行う。これはNDCを体験的に理解することを狙ったものである。名付けて「MY FAVORITES」。

入学したばかりの1年生を図書館に入れ、国語科の教科書（NDCについてはほとんどの国語科教科書に載っている）や使用プリントを使いながら次のような手順で行う。

①学校図書館には図書以外にどんな資料があるか、館内を見渡させながら発表させる。さまざまな図書館メディアの把握であり、このときインターネットの注意点についても軽く触れておく（10分）。

②実際に館内資料の分類や配架、ラベルや奥付の見方等について実物をもとに指導する（15分）。

③NDC「0」から「9」までの十分類の中から、一分類につき1冊ずつ「お気に入り」の本を探してプリント（次ページ）に記入し、時間内に「全種目完全制覇！」を競う（25分程度）。

プリントに感想を書かせて回収。終わらなかった生徒は点検した後にプリントを返して、「制覇」後に再提出させる。

＊

ただこれだけのじつに単純な内容なのだが、1年生は目を輝かせ、文字通り頭から湯気を出して館内を動き回り、探し回る。指導しているこちらも楽しい。

## 1学年　*MY FAVORITES～私のお気に入り～*

学習日　　月　　日（　　）　　組　　番氏名

この学校の図書館にはどんな本があるのでしょう?図書館の本＝読みもの・・と思ったら間違いです。いろいろな種類の資料がつまっているところが図書館。実は「宝の山」なのです。また、「図書館は世界への窓」とも言われます。今日はその、いろいろな世界へ通じる宝の山の中から、自分の「お気に入り」をたくさん探す時間です。図書館の本はNDCの10の分類になっているのでしたね。今日はその10の分類からそれぞれ1冊ずつ「お気に入り」の本を見つけ出し、「**10種目完全制覇！**」を目指してみましょう。**頑張って！！**

| NDC | 書　　名<br>『　　　』をつける。 | 出版社<br>（発行所） | ラベル | 「お気に入り」の理由（簡単でいいですよ！） |
|---|---|---|---|---|
| **000**<br>（総　記） | | | ------<br>------ | |
| **100**<br>（哲学・宗教） | | | ------<br>------ | |
| **200**<br>（歴史・地理） | | | ------<br>------ | |
| **300**<br>（社会　科学） | | | ------<br>------ | |
| **400**<br>（自然　科学） | | | ------<br>------ | |
| **500**<br>（工業・工学） | | | ------<br>------ | |
| **600**<br>（産　業） | | | ------<br>------ | |
| **700**<br>（芸　術） | | | ------<br>------ | |
| **800**<br>（言　語） | | | ------<br>------ | |
| **900**<br>（文　学） | | | ------<br>------ | |

「発行所」がわからなくて質問してくる場合が多いので、個別に指導するが、これはなかなかよい奥付の見方の指導にもなる。本人が欲しているときの指導が一番なのだ。

この指導は毎年実施しているが、授業後の感想を書いてもらうと、いつもほとんどの生徒が、「楽しかった」「図書館の本が種類ごとに分けられていることがわかった」「自分が興味を持っていたこと以外の分野でも、読んでみたい本がたくさん見つかった」などと述べている。

考えてみると、中学生はなかなか忙しく、普段、図書館の資料を隅から隅まで見て回るという体験をする生徒は少ない。こういう機会でもなければ、たぶん卒業するまでないだろうと思われる。そういった意味で、この指導は「学び方の指導」ではあるが、広義の「読書指導」のきっかけともなる重要なものなのではないだろうか。

この指導を、「司書教諭の授業」ということで他の教員に見学を呼びかけ、参加してもらったりしても楽しい。同じ国語科の中でも一気に広まり、1学年の他学級の担当教諭と一緒に実施したり、他学年の国語科担当教諭が実施したりするようになる。国語科ではない教諭が学級活動で行うこともあった。「皆でする学び方の指導」の第一歩である。この指導は生徒も楽しいが、指導する教員もじつに楽しいものなのである。

以上、まず年度の初めころに行うと効果的だと思われる指導例を挙げてみた。次は教科の中での学び方の指導例をいくつか紹介したい。

## こぼれ話

### 「頭から湯気」

この「MY FAVORITES」を実施し始めたころのことである。ある中学校の1年生にN君という生徒がいた。野球部で坊主頭。頭の形がよく、きれいな丸い形をしていた。皆は「全分類完全制覇!!」を目指して必死に走り回ってお気に入りの本を探している。北海道の4月、まだ寒い日も多いが春なので室内温度は低く設定されていて、その日もちょうど暖房が切れ、少し寒かった。しかし生徒は走り回っているし大丈夫！　と思ってふと見ると、N君が頑張って走り回って探している。すると、頭の上に何か陽炎《かげろう》のようなものが……。なんと湯気が出ているのである。ギャグマンガなどでよく「頭から湯気」を見るが、本当に人間の頭から湯気が立っているのを見たのはこれが最初（でたぶん最後）であった。それ以来、衝撃的な映像がどうしても私の頭から離れない。「MY FAVORITES」を実施するたび、思い出してクスリとおかしくなるのだ。

こぼれ話

## 「さあ、皆さん！」

「MY FAVORITES」を転勤したての中学校で初めて実施したとき、教職員向け広報で「司書教諭の授業を見に来ませんか？」と呼びかけた。授業の空いていた先生方数人が見に来てくれ、校長先生も来てくれていた。

1年生ではまだ「MY FAVORITES」をうまく発音できなかったり、意味もわからなかったりする生徒が多い。そこでちょうど英語科のK校長に、「マイフェイバリッツと読むんですよ。そうですよね、校長先生？」と水を向けた。すると校長先生、むくむくと英語科教員意識が頭をもたげたらしく、「はい、そうですよ。MY FAVORITES。さあ皆さん、発音してみましょう！　はい、MY FAVORITES！」「MY FAVORITES！」と生徒もそれに唱和する。声のそろい方がいま一つ。発音もまだうまくできな

MY FAVORITES

いので、K校長、「う〜ん、もう一度！　MY FAVORITES！」「MY FAVORITES！」……

これが3回くらい続いてやっと発音指導は終わったのだった。文化的な面への造詣も深く、学校図書館への理解もある大変よい校長先生だったが、この時間はけっこう長かった……。かくして生徒の「全分類完全制覇！」の時間は短くなってしまったのだった。

## 「鯉《こい》のぼりの活躍」

私は背が低い。書架の間を回って館内の配架について説明していると、どうしても書架の陰にすっぽり入ってしまって見えなくなり、声だけが聞こえるという事態になる。これを何とかしたい！　と思いついたのが、年中行事で使う小さな鯉のぼりであった。

以前から、学校図書館の中でも季節感や節目節目の年中行事は大切にしたいと思い、それにちなんだ展示や催しをしたり、季節ごとの装飾にも力を入れたりしているのだが、ちょうどそのとき、5月の装飾で使う予定の鯉のぼりが目についた。最近は安く販売されているので手軽に入手できるのである。それを手にとって、鯉のぼりが書架を指すようにした。すると私が書架の陰に入っても、鯉のぼりだけは生徒から見える。よけいにクスクスは広まったが、おかげで配架についての生徒の印象は深まった。それ以来、その学校では私のイメージは鯉のぼりとともにあったようで、生徒会誌の似顔絵にも鯉のぼりが添えられていて苦笑したのだった。

## 第2節 教科での参考図書指導──辞典

前節では「学び方の指導」の展開例として、年度内の早いうちに行うとよいものを例示したが、ここでは教科での参考図書の指導として、辞典の指導例を紹介したい。

### 1 国語科での辞典指導

#### (1) 漢和辞典の引き方指導とそのスキル

入学してきたばかりの1年生に、「漢和辞典は引けますか?」と問いかけても首をかしげる生徒が多い。「漢字辞典」なら知っている、引けるという生徒でも半分くらいである。そこでまず引き方を指導する。

① 「漢字早引き大会」

国語科教科書には漢字について指導するコラム等があるので、その最初の指導時に漢和辞典の使い方から始める。音訓索引・部首索引・総画索引の使い方や、部首の指導、画数の数え方の指導等をして、生徒たちがひと通り理解したら、「漢字早引き大会」を開催する。

例えば「卍」「甑」「鼎」「鼬」など、部首がすぐにはわからなさそうなものや、画数のとても多いものなどを画用紙に大きく書き、それを数枚作成する。1枚ずつ提示し、こちらの合図で生徒たちは一斉に調べ始める。

漢字のありかを突き止め、そのページを開いた生徒から順に挙手。「先着15名様まで！」などと言うと張り切って調べ、何とか上位15名までに入ろうと夢中になる様子が、じつに一生懸命でかわいらしく、楽しい。これもまた頭から湯気でも立ちそうなくらいである。そしてどんな生徒でも、引き方がわかって一度でも自分の力で漢字を引けると、目の輝きが違ってくる。

ある中学校にS君という生徒がいた。いつもおとなしい。おとなしいというより反応がない。無気力で何をするにも大儀そうである。寝ていることも多かった。そのS君が、この指導をしているとき、周りがあまりにも活発に辞典を引いているので、自分もやってみようという気になったらしい。のろのろと手を動かした。発見！　とばかりに（しかしさり気なく）そばへ行って手順を教える。「そうそう、そこが部首索引だよ」「ほらここに出てるよね？」等々。あまり熱心に言い過ぎると「引いていく（やる気をなくしてしまう）」ので、何気ないふうを装いながら（内心は、やったやった！　この子が動いてる！　とうれしかったのだが）説明していく。ついにお目当ての漢字が出てきたとき、S君は「あった！」と目を輝かせた。それ以来、彼は漢字の学習になるとちゃんと自分で漢和辞典を引くようになったのである。遅くてもとにかく自分で引けたという喜びはどれほどだっただろう。あのときの目の輝きが忘れられない。

そういう例を今まで幾度となく見てきた。普段あまり活躍しない生徒が、「引き方がわかる」というだけで楽しそうに参加するようになり、「あった！」と叫ぶのを見ると、本当にうれしくなる。

学び方の指導は画一的に教え込むのではなく、活動を伴うなるべく楽しいものにすべきだ、とよく言われるが、こういう様子を見ているとつくづくその通りだと思う。「先生、またやりましょう！」などとせがむ生徒が多くなれば成功である。

その他、漢和辞典の使い方に関するスキルアップとしては、1年生に限らずどの学年でも繰り返し指導するとよい。他にもいろいろな例を挙げてみると……、

②自分の氏名の漢字調べ

自分の氏名に使われている漢字を調べる。意味や成り立ち、熟語など、大変興味を持って取り組む。「先生、私の字、こんな意味だった！」「僕の名字の漢字、中国にはない字でした！」などと興奮するのを見るのも楽しい。

③「漢字の成り立ち」種類集め競争

「漢字の成り立ち（六書）」の指導時、特に象形・指事・会意・形声それぞれの種類の漢字集めをする。皆が同じ辞典を使ってそれぞれの種類についてたくさん集める競争をしてもよいし、班ごとにどの種類の漢字を集めるかをくじ引きで決めて班対抗で行ってもよい。また、いろいろな出版社の辞典を用意して引かせてみると、辞典によって同じ字でも種類が違うものがあるので、それを発見させるように仕組むのも、情報源による情報の違いの指導につながり、興味深い学習になる。さらに「国字」探

しなども生徒は興味を持って取り組んでいる。

④呉音・漢音・唐音調べ

「漢字の読み」の学習で呉音・漢音・唐音の指導時、どういう漢字にどういう音があるのかを漢和辞典を使って調べる。2種類以上の音のある漢字を、いくつ見つけ出せるかを競わせると、生徒たちは意欲的に取り組む。ついでに知らなかった意外な音読みを発見するのも楽しいようだ。

⑤「重箱読み」と「湯桶読み」の名前調べ

「重箱読みと湯桶読み」の学習で、クラスメートの名字や名前が湯桶読みか重箱読みかを調べる。いくつか例を出し、予想させた後に調べさせる。重箱読み・湯桶読みはあまり多くないのでわかるたびに歓声が上がる。その後、各自が自分の氏名や有名人など知りたい人の氏名の読みについて調べ、交流する。新たな発見が楽しいようだ。

このように、漢和辞典の引き方については、国語科の学習の中でなるべく生徒が楽しんで取り組めるように、また、学年ごとの教材に合わせて繰り返し実施するとよい。活動を伴い、楽しんでできること、スキルとして何度か繰り返し行うことは、学び方の指導で重要なことなのである。

### (2) 国語辞典の指導

国語辞典については、入学したばかりの1年生でも、単純に引くことだけはできる生徒がほとんどである。しかし使いこなせているかというと、「否」である。

①慣用句調べ

まず慣用句が引けない生徒が意外に多いことに驚く。語句調べの最中に、「先生、『息をのむ』が出ていません！」と叫ぶ生徒がいたりする。見るとその生徒は必死に「いきを」で探し、ナイナイと叫んでいる。「ナイナイ症候群」である。そこで、慣用句の引き方を指導する。「ほらね、『息』という項目の中を見てごらん。ぼう線は『息』のこと。だから『息をのむ』はほら、ここにあるでしょ？」すると生徒は「そうなのかあー！」と納得する。

慣用句についての教材では、「慣用句が多い体の部分ベスト10調べ」をすると、生徒は辞典を引くことを楽しみつつ引き方にも習熟する。以前、この指導をしたときに「『目』の慣用句が多いと思う派」と「『口』の慣用句が多いと思う派」に分かれて、どちらが多いか探したことがある。たくさんあるので数えるだけでも大変なのだが、生徒は楽しそうに数えている。個数や意味なども読みながら「へえ、こんな意味なの？」「これおかしい！」などと笑い合う。そうしながら国語辞典の調べ方の範囲も広がり、言葉に対する興味も広がる。さらに、皆が同じ辞典を使うのではなく、各自の辞典を持ってこさせて同じ項目の慣用句数を競わせたりすると、生徒は辞典による情報量や内容の違いにも気づき、知らぬうちに情報や情報源を比較する態度も身につくのである。他にもいろいろな例を挙げてみると……、

②「同音語の多いものベスト10」調べ

同音語の学習時に、同音語がいくつ載っているかを調べ、多いものを競って探す。国語辞典には同

音語が隣り合って並んでいるので、興味を持って探すことで発見の喜びを味わうことができ、調べることへの意欲につながるのである。

③「輝け、同音語大賞!」

これは、2時間扱いである。

②での指導を踏まえ、「貴社の記者が汽車で帰社した。」式の、できるだけ面白い短文を作らせる。同音語は一文に3、4個は入れなければならない。しかもなるべく楽しく面白い内容でなくてはならないので、生徒はかなり張り切って工夫する。できたら提出させてこちらで全員の「作品」(同音語の部分はカタカナで示してある)をプリントする(作者名は載せない)。

次時にそれを配布し、今度は全作品について国語辞典を引いてそのカタカナに該当する漢字を横に書かせる。これで同音語をしっかり吟味することになり、生徒の語彙が増えるのにも役立つ。その後、「同音語大賞」作品を一つだけ選ばせ(「面白い、上手だ」等の観点で)、投票で1位を決める……、というものでなかなか楽しい授業になる。

今まで何度実施しても必ず出てくるのは、「校長の腔腸は好調だ。」という文。いつも上位に入っている。単純なのだが、自校の校長をイメージして生徒はクスリと笑いたくなってしまうらしい。

④「多義語の意味の多いものベスト10」調べ

意味が多い語を多義語と呼ぶが、意味がいくつ載っているかを調べ、多いものを出し合う。先を争って「これは?」「こっちの方が多いよ!」などと、辞典をひっくり返しながら叫ぶのを見るのも楽しい。

ただ探すだけでなく、知らなかった、驚いたなどという、意味や用例を発表させると効果的である。

⑤国語辞典で品詞名調べ

文法指導で、単語の品詞名を調べさせるのもよい。文章を単語に切り、それぞれの品詞を考えさせ、その後、国語辞典を引くと品詞名が出ていることを実際に引かせながら指導する。生徒はこのことをあまり知らないので驚き、それからは辞典で確認するようになる。同じ語でも時と場合によって品詞名が違うことも、調べることで確認できてよい。

⑥「外来語のふるさと探しゲーム」

外来語の学習で、まずいろいろな文章の中から外来語を集めさせ、もとはどこの国の言葉だったかを予想させる。その後、国語辞典で調べて確認する……、というもので、楽しみながら今まで気づいていなかった国語辞典の機能を知る契機になる。スペルまで出ている場合もあって、中にはしっかりメモしている生徒もいれば、あれはどこだろう、これは……？　と意欲が湧き、自分でたくさん調べてきて皆に問題を出す生徒もいて、学習の広がりは楽しいものである。

このように、ゲーム性のあること、活動的なこと、今まで知らなかったことを発見するということに生徒は夢中になる。こういう指導を繰り返すと、生徒は何度も辞典をひっくり返しながら、知らず知らずのうちに辞典という参考図書の使い方に習熟していくのである。

学び方の指導は習熟することが大切だと言われるが、いつも同じことをただ繰り返すのではなく、いろいろなことをしながら辞典を多角的に使いこなす力をつけることが大切である。

### (3) いろいろな辞典の利用

学校図書館支援センターや公共図書館、他館とのネットワーク等を活用して、生徒が普段見たことのない多種類の辞典を並べ、引かせてみる・体験させてみるということも大切である。以前、『罵詈《り》雑言辞典』などというものまで借りて見せたところ、生徒たちはそんな辞典もあるのか……と大いに驚いていろいろ見ていた。中にはそれが罵詈雑言だとはわからない言葉もたくさんあり、「へえー！」の世界であった。

いずれにしても、「これは何？」という気持ちや新たなものを発見する驚き、そして楽しいと感じる気持ちを大切に指導したいものである。

## 2 他教科でも参考図書の指導を

国語科の他にもいろいろな教科でこういった指導は重要である。英語科関係の辞典類については最近よく指導されるようになってきたし、社会科での地図引き（地名探し競争なども楽しい。学び方の指導の上では索引の見方の指導にもなる）、理科での図鑑活用（校庭の植物を見ながら図鑑を使ってその名前を調べる。これも索引の使い方を知り、スキルを重ねる上で重要である）等、よく使う参考図書について似たような指導の実践はできる。各教科での指導を通して、いろいろな参考図書の活用法への足がかりをつけられるとよいと思うし、そのためにはきちんとした計画が必要になってくる。

しかし、最初は大上段に構えず、気軽に、あるときは「すきま時間」にでもこういう指導を積み重ねていくとよいだろう。

また、環境整備として、教室にいろいろな辞典をそろえておくと辞典が身近になり、手軽に調べる習慣をつけられる。さらに辞典のそろった学校図書館や公共図書館で実際に現物に当たりながら使わせたりできるとさらによい。環境整備は大切である。

学校図書館でも利用者のすぐ手の届くところ（机上など）にハンディな辞典が置いてあるだけでも効果的である。

## 第3節 情報カードの作成法と参考図書活用法の指導

第2節では「学び方の指導」の展開例として教科の中での参考図書、とりわけ辞典を中心にした指導例を紹介したが、ここでは国語科の時間に情報カードの作成法と参考図書活用法の指導を抱き合わせで実践した例（2時間扱い）を紹介する。

ただ、この二つを別々に指導する方法もある。国語科の説明的文章の要約指導時などに、情報カードにまとめさせながらその作成の仕方だけを単独で指導し、参考図書の活用法はその次に……、という二段構えの指導にしてもよいだろう。

## 1 第1時：まず情報カード作成法の指導を！

情報カードについて、最近ようやく国語科の教科書等でも言及されるようになってきた。得た情報をどう記録・保管し活用するかということについて、この情報カードは大変有効なものである。

その特徴として、まず大きさが決まっていて用紙にも厚みがあり、保管がしやすい。いつでも取り出せて分類がしやすい。そして何より、資料から得た情報をいったんここに記録することで、それを書いている本人の頭の中が整理され、情報を自分のものにできる。以上の3点にある。

だからこの作成法をしっかり指導すれば、問題の「コピーアンドペースト」の防止等、著作権のマナー違反防止につながる。調べ学習では大変有効なのである。

そこで、国語科の中で（あるいは他教科でも総合的な学習の時間でもよい。要は学校としての学び方の指導の計画に沿って）なるべく早い時期に指導する。

【指導手順】

**手順1** 情報カード作成の意義や目的、活用方法等を、最初にしっかり理解させる。教科書等に記載されているページを使うとさらに指導しやすい。

**手順2** 実際に情報カードに記入する上で重要なポイントを、「書き方見本」（次ページ参照。各自にプリントして配布し、ノートに貼らせる。学校図書館の机上にもクリアケースに入れて置いておく）をもとに指導する。特に重要な指導ポイントとしては、

①しっかり資料を読んでから必要なことをなるべくまとめて書く。

②必要事項は必ず記入する。特に参考資料の記入は「情報泥棒」にならないためにも重要。

③資料にないこと（自分の知っていることや感想等）を勝手に付け足さない。資料の記述内容を勝手に変えない。

④別の資料からまとめるときは、情報カードも新しくする。

等が挙げられる。本来、情報カードは情報収集の一つの手段であるから、必ずまとめなければならないということはない。そのまま写してもよいものである。だが、生徒がそこから自分の新たな情報を作り出す段階に進む学び方の指導では、生徒が資料をきちんと理解しながら読むことが重要であり、なるべくまとめさせる必要があると考えている。ただ、その際、気をつけないと内容を勝手に「加工」する生徒も出てくるので、著作権に関する指導からも③の指導は大切である。

**手順3** 実際に各自1枚作らせてみる。

このとき、調べるテーマは「問題」の形でこちらから与える（57ページ参照）。目的はあくまでも情報カード作成法の指導なので、テーマ決定に時間をかける必要はない。

# 情報カードの書き方

## ◎書き方見本

題目はなるべく疑問形で書こう。
↓

題目→

ゴリラの種類は？　15,9,3

①マウンテンゴリラ・・・山地のゴリラ。
毛が黒っぽい。
低地の熱帯雨林地帯に住む。
②ニシローランドゴリラ・・・茶色っぽく顔が長い。
③ローランドゴリラ・・上の２つの中間くらいの色。
体毛が短い。

『ポプラディア　4』（ポプラ社，2010）
1の9，図書館太郎

←調べた日付け

- 調べたことはなるべく**短く書く**。
- 難しい言葉は**わかりやすく**言いかえよう。
- よくわからないのに**丸写しするのはよくない**。自分がわかった上でまとめよう。
- 自分が知っていても**資料に書いていないことは書かない**。感想も書かない。
- 図や表にまとめたりするのも良い。

参考資料名→
**必ず書く。**
『　』をつけるのを忘れずに。
**出版社は**（　）で。**発行された年も入れよう。**

↑
自分の名前も書いておこう。

※違う本から同じことを調べても、下に付け足さないで、別のカードに書くこと。
※同じことを、別なカードに、違う本から調べ、先に作成した情報カードと比べてみよう。同じことでも違いがあるはず！
※調べてわからない点や重要だと思うことがあったら、さらにそれについて調べ、新しいカードをどんどん作っていこう。すると、調べた内容に広がりや深まりが出ます。**リンク調べ、突っ込み調べ**をしよう！

「問題」作りにあたっては、参考図書を使って調べられるものにする。参考図書活用法の指導も兼ねているからである。全部で31問あり、これは自分の誕生日の日付と同じ番号の問題から取り組ませるためである。なぜ誕生日の番号から？　と思われるかもしれないが、ただ黙って「問題」を与えると、生徒は「1番」の問題から順に取り組みたがり、同じ参考図書に集中してしまう傾向が見られるからである。さらに「誕生日と同じ番号の問題」ということで、生徒は何かしら「運命」を感じるらしく（「え〜、あたしの、恐竜だあ！」などと叫んでいる）、意欲的に取り組む。31問の問題作りにあたっては、なるべくいろいろな分野の参考図書に当たれるようにする。そして、問題自体が興味深いものになるように工夫する。生徒が「何これ？」と思いながら興味を持って取り組めたり、調べた結果「へえ〜！」と思うような問題にすることで、取組みへの意欲につなげたい。

もちろん、実際に調べさせる前に参考図書活用法の指導をする。参考図書コーナーの存在や、NDCに基づく配列等については「MY FAVORITES」（38ページ参照）の際に指導してあるので、その復習を軽くした後、最低限、

①百科事典・専門事典は、必ず索引から引く。
②年鑑や統計は、調べたい年＋1〜2年は後の表示のものを使う。
③図鑑も必ず目次や索引を使う。

を指導することは特に重要であろう。

本来は、この参考図書活用法の指導だけで2〜3時間とって指導できるとさらに丁寧でよい。実際、

1学年国語 **「目次と索引、使わなくちゃ！」…百科事典等で調べよう！**

## …参考図書を使って問題にチャレンジ！…

学習日　月　日（　）　組　番氏名

さあ！百科事典などの「参考図書コーナー」の本を使ってクイズに挑戦してみましょう！

**太字**はどんな参考図書で調べればいいかのヒントです。ほとんど**その名前の辞典・事典や図鑑等**がありますよ。年が書いてあるのはその年用の年鑑（使うときは、調べたい年＋　年以降のもの）を使うとよいのです。それ以外はたいてい普通の『ポプラディア』などの百科事典や辞典に出ています。しっかりと**目次や索引を使ってね**。さあ情報カードが何枚できるかな？

※最初は自分の誕生日と同じ番号のものから取り組もう！あとはどれからでも。**全問制覇！！**

＜**問題**＞

1，**カタカナ語**の「テレビタレント、テレビジョン、テレビカメラ、テレビドラマ」。日本でできた「和製英語」はどれ？あるだけ選ぼう。
2.「ラーメン」は英語では何という？スペルをきちんと書いてね。（日本語→英語の辞典を使う。）
3. **日本の国の勢**いを見てみよう。２０００年、２００５年、２０５５年（推計）の人口は？
4. ナメクジは塩をかけるととけるって本当？うそ？その理由は？
5.「素直」の**反対語**を、１つでなく４つ書きなさい。
6，緊張すると汗をかくことがあるが、**人のからだ**のどういうしくみでそうなるのか。
7，「スイコ」（「出挙」ではない）って何のこと？その行動の特徴は？
8. **日本の農業**で「エコファーマー」という言葉がよく使われるようになったが、それはどういうものをいうのか？
9.「バングラデシュ人民共和国」の**国旗**に使われている色とデザインは？色とその形にはどんな意味があるのか？
10. りんごのことを**6か国語**で表すとそのスペルは？どの言葉がどの国のなのかも書きなさい。
11. **2010年**の4月１１日と9月23日、**スポーツ**界にそれぞれどんなことがおこったか？書きなさい。
12，日本の**古語**で、「なほなほし」の意味は？
13. ある子供が「おかん、今日のホーセキは何～？」ときいていたが、これは**方言**らしい。ホーセキってどこの県のどの辺の方言？なんのこと？
14.「マヨネーズ」という語はどこからきた外来語？ついでにスペルも書こう。（もう日本語になっているので、日本語を調べる辞典を使おう！）
15，**世界**的な**有名**映画スター、オードリー=ヘップバーンはいつどこで生まれていつ亡くなった**人物**？作品にはどんなものがあるの？3つ書こう。
16. いろいろな「**モノ」のはじまり**。「札幌ラーメン」の元祖はどこ？それは何年？味は？
17.『ハンカチのうえのはなばたけ』という童話集を書いた人は誰で、何年に出した？
18.「魑」という**漢字**の読み方と意味は？
19. ジャングルジムは「1個、2個」とは数えない。ではどういう**数え方**？それはどうして？
20. 日本の**衣食住**が洋風化してきた明治時代、「食」ではどんなものが食べられるようになった？４つ書きなさい。
21.『ウルトラ Q』などの番組を手がけた特撮監督の名は？その人の一番代表的な怪獣映画は？
22. グアテマラの「ウィピル」という**民族衣装**はどんな服？
23. **落語**によく出てくる「二八そば」ってどんなそば？これがよく出てくる有名な落語の題名は？
24.「カマキリモドキ」という**昆虫**はどういうところがカマキリに似ているのか？本当はなんという虫の仲間？（なに目？）
25. **2010年**の1月4日と6月13日、世界や日本でそれぞれどんな**ニュース**があった？
26. チョコレートという**モノができる仕組み**はどうなっているのだろう？（5段階で書こう。）
27. 近所のおじさんが**釣り**に行って「クロウシノシタ」という**魚**を釣ってきてくれた。変わった形をしているが、どんな形？（図で）。どんな料理にすればいいの？
28.「アンダースン大佐」という人物は**アガサ・クリスティ**という作家のなんという作品に出てくる？職業は何で、どんな人？
29. 渋柿を食べるとなぜ渋い味がすると感じるのか。調べなさい。
30. **コンビニ**はスーパーとどう違うのか？何点かに分けて調べよう。
31. 英語の「ladybug」と「cockroach」はどういう仲間？（英語→日本語の辞典で。）

総合的な学習の時間に丁寧に指導したこともある。しかし、一つの教科内ではなかなか時間がとれないという場合は、他教科や総合的な学習の時間とタイアップして計画的に行う方法もある。いずれにしても計画が大切なのである。

こうして生徒は見本を見ながら何とか1枚、カードを作ってみる。出来上がったら各項目がきちんと記入できているかどうかを点検させてから提出させる。こちらではすぐに見て、よければ「合格！」と言ってやると大変喜ぶ。そして全体に聞こえるように「第1号、○○君！」「第2号、△△さん！えらいね～。きれいにきちんとできてる！」「字もきれい！」などと褒めると、「自分も早く……」と皆いっそう意欲的になるのである。

ここまでで1時間。この1時間で何とか一人1枚は作らせるようにする。

## 2 第2時：参考図書を活用して問題を解き、情報カードを何枚も作成 ——「慣れる」ことを大切に

まず一人1枚出来上がれば指導者が預かり、次の情報カードを渡す。ここからは生徒が自由に、好きな番号の問題から取り組んでよい。

この「問題」は、1問1問に太字の（指導者が使った参考図書の題名に関わりのある）ヒントがあり、それと問題に関係のありそうなＮＤＣを推測して、生徒は参考図書を探り当てて取り組む。それでも

なかなか難しいので、一人ひとりへのケアは欠かせない。今まで私は一人でこの指導をしてきたが、いつも一緒に指導してくれる人がいればどんなによいだろうと思っていた。生徒が40人もいると一人では手が回りきらないのである。班などの生徒同士で教え合いをするのも悪くはないのだが、答えまで教え合うこともある。一人ひとりの力を伸ばすことを考えると、基本的には個別に取り組ませるのがよいと思う。そしてその点からもやはりTTが望ましいのである。

さて、取り組んでいる生徒たちに「この時間で情報カードが何枚できるかな?」と声をかけると、競い合いながら次々に取り組むようになり、時間内にかなりの枚数の情報カードを作る生徒も出てくる。「○○さん、合格!」「やったー!」の繰り返しである。指導者が1枚1枚点検し、戻したり褒めたりしながら個別指導していく。

こうして次々に取り組みながら、生徒は知らぬ間に情報カードの作成法と参考図書の活用法に慣れていくのである。

## 3 まとめ

今回のこの指導だけでは、情報カードの作成法と参考図書の活用法はまだまだ習熟はしない。時間が経つと生徒は忘れてしまうものである。そうならないように、この後も総合的な学習の時間や国語科以外の教科などで、どんどん参考図書を活用して情報カードを作成し、使っていく指導が必要であり、そのためには学び方の指導の全体計画作りが重要である。

また、よく「答えはないんですか」「まとめはどうするんですか」と聞かれるが、指導者は「解答」はしない。問題作成時に使った参考図書はもちろんあるが、絶対にそれで調べないとだめだということはないのである。他の参考図書でももちろん調べられるし、それによって内容や取り上げ方、詳しさの度合いなども違う。指導者と違うものを使うと、解決できない部分もあったりする。そういうときこそ狙い目である。それらを発表させることで、情報源はたった一つではなく、だからこそ複数の資料に当たるべきだ、ということに生徒は気づく。ここから複数資料の比較・検討・選択の指導にも計画的につなげられるのである。

この指導の最後に「これから31問全部の問題を制覇しよう！　期限は2学期以内！」と言うと、毎日昼休みなどに1～2枚ずつ仕上げ、粘り強く全問制覇を達成する生徒もいる。そうやってたまった情報カードは、こちらで個人別に保管しておき、年度末に返却する。その際、保管方法や使い方（束ねたり、箱に入れたりして保管し、分類してインデックスを付け、自分の学びや生活に自由に使ってよいこと等）も指導するとよい。

こういう指導の継続のためにも、情報カードとその作り方見本を学校図書館に常備して、いつでも使えるようにしておくことは、環境整備として大切である。

こぼれ話

「おどき!」

この第3節での指導を、最近は国語科の中で1クラスずつ行うことが多くなったが、以前の中学校では総合的な学習の時間で行っていた。ひと学年6~7クラスが同じ時間に実施するので、学校図書館で行うことは不可能だった。

そこで、札幌市特有の寄託図書制度(同じタイトルの図書が、40冊、20冊といった複数冊ずつで「寄託校」に置かれており、市内300あまりの小・中学校が必要なとき借りて使える、図書の共同利用制度。ウェブ予約ができ、配送費は市が負担)を使って各クラスにミニ参考図書コーナーを作り、それを使ってこの形で問題を解くようにした。指導は司書教諭が放送で行い、各学級には担任がいてTTのような形になる。

あるとき、あるクラスで「女王」が出現した。いつも知的でキリッとしたTさんだが、この学習になるとものすごい勢いで資料を探し、どんどん解いていく。ミニ参考図書コーナーは教室後ろの棚に設けてあるのだが、そこに向かって突進していくのだ。本人が「おどき!」と言うわけではないのだが、彼女の資料を探す行く手をふさぐ者はなく、道は自然に開いた。学年が進むにつれて彼女のスピードはますます速まり、最終学年では1時間のうちに31問全部を解決した。学級担任ももう脱帽であった。

また、学級担任たちの中には生徒と競って問題を解く先生も現れ、「これ、楽しいわ~」と言いながら毎年、嬉々として取り組んでいたのを思い出す。放送を使うと、先生方への効果も抜群なのである。

## 第4節 新聞活用法の指導

前節では情報カードの作成法と、参考図書の活用法のそれぞれの指導例を中心に述べたが、ここでは、学校図書館メディアの一つとしての新聞の活用法の指導例を紹介したい。

国語科の指導時に「家で新聞をとっている人〜?」と聞くと、以前はほとんどの生徒が手を挙げていたが、最近は家庭での購読自体が年々減少しているらしく、手が挙がらなくなってきた。それに伴って、新聞について知らない生徒が増えてきている。

しかし、新聞は依然として重要な情報源であり、学習指導要領にもその指導が大きく取り上げられるようになった。国語科の教科書にも以前より大きく掲載されている。なるべく早いうちに指導を……ということで、1年生の教科書に載っていることが多いようだ。

### 1 新聞の見方の指導

新聞活用法の指導は、学び方の指導の面でも重要である。そこで教科書の指導ページを使いながら、まず新聞の見方から指導する。

１学年国語科

# 「新聞は使える！」

**1，新聞ってどうなってるの？**・・・ｐ７３「情報コラム②」
**2，切り抜いてファイル資料を作ってみよう！**

学習日　　月　　日（　　）　　組　　番氏名

皆さんは毎日，新聞を読んでいますか？日々の学習の中では使っていますか？実は皆さんの生活や学習の中には，いろいろな形で新聞が取り入れられているのです。

**新聞は大切なひとつの情報源。**その情報の扱い方，利用のしかたを学んでみましょう。そして，これからの自分の学習や生活の中で，今までよりももっと積極的に，新聞からの情報を活用できるようになってほしいと思います。

**※「ファイル資料」とは？**

パンフレットやリーフレット（１枚もののチラシ），新聞や雑誌などからの切り抜き等，そのままではぺらぺらして扱いづらいものをファイリングした資料を「ファイル資料」といいます。

**新しい**情報であること，**手軽**に見られることなど，本とはまたちがう良さがあります。これも図書館等で調べ物をするときの大切な資料のひとつです。

ただし，インターネットと同じように，**1つの事柄についても色々な見方があるので、それひとつだけを信じ込まないように**気をつけましょう。

## 1，新聞ってどうなってるの？

## 2，さあ、作ってみましょう！→うちのクラスの切り抜きファイル集を作ろう！

①持ってきた新聞を机の真ん中に出す。

②どんどん読んでみよう。（自分の家のとはちがう新聞も楽しいですよ。）

③その中から気に入った記事や自分の興味のある記事，とっておいて利用したい記事などを探して切り抜こう。

**<注意！どこからどこまでがその記事なのかよく読んで切り抜くこと。>**

④切り抜いた記事を台紙に貼ろう。

**注意！**台紙１枚に記事ひとつが原則。

**必ずその新聞名，何年・何月・何日の、朝刊か夕刊か？まで台紙に書いておく。切り抜いたときにすぐに記事の端に書いておくと、後で困らないですむよ。**

記事が台紙より大きいときは貼ってから折りたたむ。

こうしてできたものを「新聞切り抜き」とか「スクラップ」と呼びます。雑誌も切り抜きができますね。図書館でもこの「ファイル資料」はありますし、切り抜きばかりを集めたテーマ別雑誌も購入しています。学習に使って下さいね。

また，自分でテーマを決めて好きなものや役立ちそうなものを切り抜き，ノートなどにテーマごとに貼っておくと，私的《してき》なファイル資料ができて楽しく、役立ちますよ。

使用する新聞は学校でも古新聞を用意するが、それだけでは足りないので、家で購読している生徒からも数部ずつ寄付してもらう。それを学校図書館の机のグループごとに、真ん中に積み上げて準備する。実際の新聞を一人1部ずつ手にとって行う。

教科書には新聞の一面が説明つきで載っていることが多いので、その説明を使いながら、見出しはこれ、リード文はこれ、キャプションはこれ……、という具合に手元の新聞で探させていく。コラム記事、社説なども必ず探させる。4コママンガやテレビ欄、天気予報欄は知っている生徒も多いが、一応指摘させる。

ページ構成についても、社会面、政治面、経済面、生活面など、おおよその構成を皆で一緒に探させる。なかなか見つけられない生徒もいるが、互いに指摘しながらだと確認でき、どうしても探せない生徒には個別指導をする。家庭や小学校で指導がされてこなかった生徒には、これが本当に初めての新聞との出会いなのである。

## 2 ファイル資料の作成法・活用法の指導

ひと通り新聞の見方が理解できたら、今度は切り抜きの仕方・ファイル資料の作り方とその利用について指導する。

このとき、切り抜きの仕方、年月日等の記入、スクラップの仕方、分類法、活用の仕方等を指導し

ファイル資料作成中

てから、今度は自分で読んでみて気になったり、気に入ったりした記事を切り抜かせる。

その際、心しておかねばならないのは、生徒は驚くほど「その記事の範囲がどこまでなのか」がわかっていないということである。いざ切り抜いてみると平気で記事の途中で切ってしまっていることも少なくない。また、切り抜いた後でどの新聞からのスクラップなのかわからなくなることも多い。そこで、

①最初はどこからどこまでがその記事なのかを赤鉛筆等で囲ませておく。

②切り抜く前に新聞名と年月日を片隅にメモさせておく。

という2点を徹底する必要がある。実際に作業させながら指導するのが重要な

のである。

またその際、ファイルする対象は新聞だけではないということも指導する。どんなものでも資料になり得るのである。個人的に作るのも楽しい……、ということなども、指導者自作の実物を見せてアピールしたりするとよい。

できたファイル資料は学級ごとに集めて「ファイル資料集」を作り、皆で閲覧できるようにすると、生徒たちはけっこう楽しんで見ている。「まわし読み新聞」的な面白さもあり、楽しいものである。本来はファイル資料に感想等は書かないものだが、この学習に限っては、感想を書かせたり、その記事を選んだ理由を書かせたりすると、互いに読み合うときに交流が活発になってよい。

今回はあくまでも「練習」なので、各自好きなものを作成するのだが、教科での学習の内容に沿って、より実用的なテーマ別のもの（教科での学習に関連するものなど）を皆で作ると、実際にその後の学習に生きて使えるものになる。

また、図書館活動の一環として、そのときどきのテーマ展示などに合わせたファイル資料を、図書委員会や図書局で作成するというのもよい活動になる。

図書局で作成した新聞比べ読みコーナー

この学習の後は、教科指導で実際にファイル資料を作成するような活動があると大変よい。実際、「戦後○十年」という年に、図書局がそれにちなむファイル資料を作成し、それを使って国語科のスピーチ活動を行う……等という実践もしたことがあるが、大変内容の深いものになった。こうした活動は他のいろいろな教科でも実践できるので、ぜひ各教科に呼びかけ、広げたいものである。そのためにはファイル資料の作成や活用も含めた、学び方の指導や資料活用学習の計画作りが必要なのである。

そして……、

## 3 学校図書館に新聞を！

国は義務教育諸学校において、学校図書館に新聞1紙分の地方交付税措置（地方財政措置）をしているので、少なくとも1紙だけはとれることになっている。ただ、これはあくまでも地方交付税措置であり、自治体に使い道が特定されているものではないので、配備されていない自治体もいまだに多い。新聞購入費として予算化されなければ、学校図書館に新聞を置いて生徒に親しませ、活用させる……、という道は遠い。担当者や教科担任が指導のために個人的に用意するケースもあるが、それとは別に、学校図書館メディアとして新聞は必要なのである。地方自治体ごとに予算化してもらうよう働きかける必要があり、ゆくゆくはきちんと新聞購入用としての学校図書館での予算措置がなされるようになってほしいものである。

こぼれ話

## 「NIEボランティアとNTJボランティア」

　ある中学校でNIE（新聞に教育を、Newspaper In Education）の活動に参加し、早速新聞が毎日6紙来るようになった。毎日それを4階の図書館まで運ぶのもけっこう大変である。どうしようかと考えていたら、いつも朝早く来る生徒の仲良しグループがあるのに気づいた。中には図書委員も数名。暇そうなのである朝、この6紙を持ってきてもらった。図書館内に運んだら今度は記事を見てなんだかんだと話している。どうせなら載っている記事を生徒の皆さんにお知らせするような活動をしてみない？　と誘うと、いいですねという返事。そこからNIEボランティアの活動が始まった。図書委員もいるが、じつはその友だちも交えた「アニメ・ゲーム好き仲良しオタクグループ」なのである。もともとよく図書館に来て、友人である図書委員の仕事や掃除を手伝ってくれていた生徒たちだった。

　NIEボランティアの活動は、最初は毎朝、新聞から記事を選んで紹介文を用紙に書き、2階の職員室前の掲示板に貼るという作業だった。それはそれでけっこう評判にはなったのだが、それだけでは飽き足らなくなったらしく、ある日、「先生、僕たちは放送もしたいんです」と言う。じつはアニメ好きが高じて「将来、声優になりたい」という生徒も数名いたのである。放送でしゃべることくらいお茶の子さいさい。私の方でもそれはいい考えだと思い、先生方とも相談するとすぐにOKが出た。じつは生徒指導の先生方の中でも、いつも廊下にたむろしていたオタクグループが生産的な活動を始めたのを喜んでくれていたのだ。こうしてNIEボランティアの活動は順調に進み、「世代交代」もしつつ、私がその学校を去るまで続いた。

　放送原稿を書くには、単に情報をまとめるだけでなく、放送で読むのにわかりやすい文章を考え、

NIEボランティアとその活動風景

読むときには聞きやすい声ではっきりゆっくり話すという、けっこうハイレベルな力を要求される。毎日、休み時間の間に私が原稿を手直しし、放送前に練習し……という水鳥の足掻きが水面下でありつつ、よく頑張っていたと思う。読み方や声のよい生徒の放送には、ファンまで出現したのが面白かった。

活動はそれだけではない。社会的な事件などが起こったときには、新聞からそれに関連するファイル資料を作り、展示したりスクラップブックを作ったり……、という活動などもした。こうしてNIEボランティアの活動はかなり大幅なものになり、私が顧問を務める合唱部や、生徒会本部のメンバーなども入って、ボランティアではあるがかなりの活況を呈するようになってきた。そのうち地元の新聞社からも取材がきて、活動の様子が紹介されたこともあった。

そうしているうちに、図書委員やNIEボランティアとまではいかないけれど何かやりたい……、という生徒も現れ、本などを運ぶ力仕事ならOK！　という、柔道部中心のボランティアもできた。本当に本は重い。寄託図書を運ぶときなどは大助かりである。彼らにも何か名前を……、ということで図書委員の生徒が考えた名前、それは「NTJボランティア」。「NIEと似ていていいね、何の略なの？」と聞くと命名した委員はすまして答えた。『Nikutai Tukatte Jyuuroudou』の頭文字をとってNTJですよ！」。これには皆爆笑。本人たちも大いに気に入り、NTJボランティアは一躍有名になった。そのうち替え歌によるテーマソング（「YMCA」のメロディーで「♪ワーイNTJ！」と歌い出す。最後まですばらしい歌詞がついていた）まででき、本人たちもそれに合わせて踊る、というかなり面白い現象になった。

生徒たちのボランティア活動。図書委員会だけにとどまらない自主的な活動は、なかなか楽しいものである。

# 第5節 情報や情報源の比較

前節での新聞活用法の指導の後は、ぜひ情報（源）の比較をさせたい。今度は新聞も含めて、情報というものは「いろいろと違う」ということを認識させるための指導である。

情報は一つだけを信じ込んではならない。それは大変危険なことである。しかし、生徒は往々にして自分がキャッチした一つの情報を鵜呑《うの》みにして、それだけでわかったような気になる傾向がある。情報（源）比較の重要性を指導する第一歩として、まずは新聞情報の比較から指導しておきたい。

## 1 新聞による情報の違い

【指導手順】

**手順1**

図書館の机が7台ある場合、35人学級なら5人の班を7つ作り、班ごとに座らせる。本当は4人くらいずつが理想なのだが、図書館の広さや机の数によって物理的に無理な場合もあるので、適宜合わせる。その机上に、同じ日の朝刊3〜4紙を1部ずつ置く。私の場合は、家庭でも購読数の多い地方紙を1紙と一般紙を3紙用意している。生徒たちはその中から各自

1紙を手にとり、眺めながら待っている。

**手順2**

ワークシート（次ページ参照）を配り、手順や内容を説明する。ねらいは同じ日の新聞が、どう似ていてどう違うかをつかむことである。

**手順3**

新聞をそれぞれの班の机上に広げさせ、班員同士で比べながら確認、記入していく。このとき、進行役の司会者を決めさせ、複数名で1紙を担当させるとよい。これは1紙を1人が担当する形では厳しいときもあるからである。項目ごとに「同じ点」や「違う点」を皆でチェックしつつメモする形が効率的である。社説やコラムは、1年生にはまだかなり難しいときもあるので、内容読み取りについては指導者側の支援が必要である。社説は、1年生なら見出しを書くだけでもよい。学年を追って社説など部分的に詳しく指導していく方法もあり、実際、3年生の国語科教科書には社説の比較指導が掲載されているものもある。また、教科によってはさらにいろいろな部分を比べてもよいだろう。ここでは1年生の総合的な学習の時間で扱ったので、初歩的・一般的な比較の例だが、他の場合は学年の発達段階や実施する教科の特性等に応じて、追究する内容を限定したり深化させたりしていくとよいだろう。

新聞の比べ読み

第3章

１学年総合＜**情報**＞第６回

# 「新聞は使える！2」比べてみよう、4社の新聞！

学習日　　月　　日（　　）　　組　　番氏名

●情報源（情報を発信しているもの）にはいろんな種類がある！どんな情報源があるかな？あなたはいくつ言えますか？ここに書いてみましょう。

{　　　　　　　　　　　　　　　　}

●こんなときあなたは，どの情報源から情報を得ますか？

①「うわっ，地震だ！はやく情報が欲しい！！」→（　　　）や（　　　）から。

②昨日の地震はどれくらいだったの？どこまで？人々の反応は？→（　　　）から。

③その地震のある程度まとまった結果を知りたい・調べたい→（　　　）や（　　　）を。

●さて，今日はその情報源の中から，同じ日の**新聞**４紙で扱われている情報を読み比べ，どう違うのか，またどう同じなのか，みんなで話し合ってまとめてみましょう。

| | 何ページまで | トップニュースは何のこと？ | コラムの名前と内容は？（何のこと？） | 社説のページと内容は？（何のこと？どんなこと？） | スポーツ欄はどう違う？ | 4コマ漫画名 | その他いろいろ気づいたこと |
|---|---|---|---|---|---|---|---|
| 新聞 | ページ | | （　　　） | （　　）ページに。<br>①<br>② | | | |
| 新聞 | ページ | | （　　　） | （　　）ページに。<br>①<br>② | | | |
| 新聞 | ページ | | （　　　） | （　　）ページに。<br>①<br>② | | | |
| 新聞 | ページ | | （　　　） | （　　）ページに。<br>①<br>② | | | |

4紙を比べて思ったこと・感想は？

年　　組　　番氏名

**手順4** 比べてみた後、その結果や感想を全体で発表させ、新聞による記事の取り扱い方や、その情報発信の姿勢・内容に違いがあることを確認する。そして一つの情報源だけを信じ込んでしまわず、必ず複数の資料に当たることの大切さを指導する。

＊

ここで使用する「同じ日の新聞」は、なるべく地元の大きなニュースがあった日のものにすると、全国紙との違いが出て面白い。しかもできれば明るいニュースの方が生徒の意欲は湧く。以前、高校野球で北海道が勝ったとき、その結果が出た翌日の新聞を使ったところ、「北海道の高校が優勝できるなんて！」と皆お祭りムード。その熱気も加わって生徒たちは大変意欲的に取り組んでいた。

## 2 他の比べ読み――同一日の同じ新聞社でも……？

この高校野球の結果比べ読みの効果は、「同一新聞社で同じ日のものだが発行地が違う」新聞を比べ読みする学習（次ページ資料参照）の際にも表れる。発行地が違うと、写真一つとってもその扱いが違い、紙面割り付けに至ってもずいぶん違う。「ピッチャーの写真の扱い方があちらとこちらではずいぶん違う！」と憤慨している生徒もいて面白かった。

また、この同一日の比べ読みでは、広告の数や、「お悔やみ欄」の有無等も大きな話題となるもの

新聞比べ読みのワークシート



２学年総合<**情報**>第４回

# 「情報を比較する！」

学習日　　月　　日（　　）　　組　　番氏名

去年は情報源にはいろんな種類があり、特に新聞４紙について、その中の情報の扱われ方や伝え方にどう違いがあるか比べてみましたね。今回は同じ日のことがらについて、発行している地域の違う新聞同志で比べたり、雑誌などとも比較して、その扱い方や伝え方の違いを見てみましょう。

●さて，まず，同じ（　）月（　）日の（　　　）新聞でも、発行されている地域が違うものを読み比べてみましょう。どこがどう違うかな？また，どこは同じでしょうか。なるべくたくさん発見してみてください。机ごとに話し合い、まとめてみましょう。
　①トップページのトップ記事は？その扱い方や書き方は？大きさや見出しにも注意！
　②テレビ欄は？広告は？ページ数は？中の各紙面（ページ）は？その内容は？

## 北海道版と(　　　)版、同じ日だったら中身も同じ？

**違う！**という点

| | 北海道版 | （　　　　）版 |
|---|---|---|
| トップ記事 | | |
| ページ数 | | |
| テレビ欄 | | |
| 広告 | | |
| | | |
| | | |
| | | |
| | | |
| | | |

**これは同じ！**という点

・
・
・
・
・
・
・
・

比べてみた感想

である。生徒は指導者が思ってもいなかったところを見つけて比べるのが得意である。ただ、テレビ欄の場合は「放送局の数が違う！」などと言うが、それは発行地が違うからであり、新聞による違いではないので要注意である。

## こぼれ話

### 「お悔やみ欄がない！」

「新聞比べ読み」は白熱してくると図書館の机上のみならず床の上でも展開される。大きく新聞を広げて比較するとき、机は狭いのである。

その日もある班では「同一日、同一新聞社の東京版と北海道版比べ読み」をしていた。２人の男子生徒が床に大きく広げて比べ合っている。そして大きな声で「先生、この東京の新聞、お悔やみ欄がありません！」見るとやはりない。北海道版にはあるのに……。どうしてだろうね？　と投げかけて考えさせる。「そうか、東京は人が多いからお悔やみを全部載せていられないんだ！」という結論に達して皆納得。

また、あるときは「同一日の4紙比べ読み」でお悔やみ欄の記述を各新聞で見比べていたグループが、「先生、この○×新聞と△□新聞では同じ人の亡くなった年齢が違います！」という。見ると確かに。「じゃあ、他の新聞社は？」と投げかけてみると、他の新聞も比べて「この○×新聞だけが違う……。間違ったのかな？」ということになり、電話をして確認するまでには至らなかったが、「やはり一つだけの新聞では情報は絶対に正しいわけじゃないよね」という結論になった。お悔やみ欄一つでも、なかなかよい情報の比べ読みになるのかもしれない……、と感じ入った出来事だった。

## 3 新聞以外の情報源との比べ読み

ここまでは新聞を中心に述べてきたが、情報源はなにも図書と新聞だけではない。その他の情報源との比べ読みもぜひさせたい。そういうときも、素材の選び方は意欲を左右するので考慮するとよい。

以前勤めていた中学校で、新任体育科教員で国際的な陸上現役選手がいたのだが、ちょうどそのとき世界陸上の大会がアジアを舞台に開催された。教員を続けながら頑張っていた彼女が出場したことで、生徒たちも応援し、職場でも大きな話題となっていた。

そこで早速、それを報じた各社の新聞（一般紙ばかりでなくスポーツ新聞も）と、インターネットですぐに報じられたときの情報等もそろえ、比べ読みさせてみたのだが、皆じつに意欲的に学習を進めていた。大人（教職員）にもその報じ方の違いは大変興味深いもので、職員室でも大いに話題になった。

また、日本の物理学者たちが相次いでノーベル賞を受賞したことがあった。受賞翌日の新聞、すぐ後に出た一般雑誌、科学雑誌、直後のインターネットによる情報……と、いろいろなメディアからの情報を集めて比べ読みをさせてみた。資料を準備するのはけっこう大変だったが、このときもかなり興味を持って生徒たちは取り組んでいた。

このように、情報の比べ読み学習をするときは、どういう題材を取り上げるか、生徒の意欲の面での効果をも考えて選ぶ必要がある。

また、新聞のみならず、さまざまな学校図書館メディアを取り混ぜて比べ読みさせることで、それぞれのメディアの特性（情報伝達の速さ、詳しさ、正確さ、取り上げ方の観点等）も際立ち、よい学習になる。そして、課題を追究するためには、さまざまな情報を集めた上で自分にとって今何が必要か、有効か、と生徒自身が取捨選択することの重要性を幅広く考えさせるのにも役立つのである。

## 4 なぜそんなに「読み比べる」ことが重要なのか？

じつは私の苦い経験がある。

例年、国語科1年生のおわりに、報告文としてのレポート作成指導をしている（内容は次の第6節で詳述する）が、ある年のことである。

私が指導していたあるクラスのS君が、1本の報告文を書き上げた。どれどれ……と、きれいにペンで清書されたものを読んでみると……、なんだかおかしい。テーマは札幌市について。自分の住んでいる街について調べてレポートしようという、まじめで慎重派のS君だったので、あまり心配していなかったのだが、読んでいるとなんだかおかしい。きちんと手順も踏んでいるし、なぜ？　と読み進めると……、なんと札幌市の区の数が、書かれている場所によってすべて違うのだ！　あるところでは7区。あるところでは9区。あるところでは10区。そこで「参考資料」を見ると、なんとS君はきちんと3つも使っているのだが、そのうち2つはかなり古い百科事典だったのである。6～7枚も作って提出した情報カードを見ると、ある1枚には7区。別のものにはそれぞれ9区、10区とある。

仰天してS君に聞いたところ、調べた本が違うからそのまま書いたとのこと。彼はきちんと言われたとおりにいろいろな情報源に当たって調べ、それを使って書いたのだが、慎重派だけに進み方が遅く、それでいて慎重派の割にはじっくり考えて吟味していなかったのだった。私も1時間ごとに情報カードや下書きを集め、読んでいたはずなのだが……。時間に間に合わなくて最後の作業は家で……となったときに、そういうことになってしまったらしい。「ごめん‼　S君！　気づかなかった先生が悪かったよ‼」と叫んだが後の祭り。仕方なく直してもらった。せっかくきれいな字できちんと書いた慎重派のS君だったのに……。それから卒業までの2年間、S君の顔を見るたびそのことを思い出し、すまない気がしていた。集めた情報を吟味し、考えて自分のものにするという段階の指導の重要性を、身をもって感じたのだった。

中学1年生という年代は大人ではない。まだまだ子どもなのだ。そんなことも感じた出来事だった。大丈夫そうに見えてもしっかり見てやらなければ……とつくづく思った「事件」だった。

## 5　いつも疑問を大切に！

こうしてみると、単に比べ読みをさせればよい、さまざまな情報を集めればよい、ということではない。大切なのは常にその情報は正確なのか、新しい物なのか、一方的な偏りや誤りがないのかと「疑いつつ活用する」という態度を育てることである。何でもかんでも疑っているときりはないのだが、一応は疑ってみる、他の資料で補強・確認をするという態度を養うことが大切なのである。そのためには、わざと古い資料と新しい資料を比べさせることもある。

S君の一件があってから後、班ごとに異なる情報源を割り当て、札幌市の人口や区の数、区ごとの人口等を比べさせてみた。もちろんその中にはS君が使った古い百科事典や年鑑なども入れてある（次ページワークシート参照）。そして班ごとに発表させて、どの班が正しいのか、なぜ違うのかを考えさせる授業をした（総合的な学習の時間）。そこで、やっと資料の鮮度の問題に生徒は気づくのである。自分たちで「発見」すると、生徒たちは言われなくても奥付を見て、資料の鮮度に気をつけるようになる。

また、いろいろな教科等での授業のたびに、生徒が気づいた情報の違いを取り上げ、絶えず情報比較の必要性を教員や生徒に知らせ、関心を促す必要がある。要は全校的にそういう態度が教員の側にあるとよいのだ。

「S君事件」以後のこと、技術科の調べ学習の際に、使っている資料の「プラスチック」の項の記述が、資料によって違っているのを発見した生徒がいた。どちらが正しいのかと聞いてきたのだが、それを担当の技術科のI先生も大変褒め、それを私（専任ではないので自分の授業をしていて、そのとき学校図書館にはいられなかった）に伝えてくれたため、まずその生徒を褒め、それを職員向けと生徒向けの広報で全校に広めた。それによって「ほう、あの○○君が……」と教員たちも感じ入り、結果的に情報を比べることの重要性も認識されたのである。

これはあくまでも一例にすぎないが、その場だけで終わらせず、何らかの方法で絶えず全校教職員

札幌市の情報比較ワークシート



１学年総合＜**情報**＞第７回

# 情報は比べなくちゃ！

同じことを違う情報で調べたら・・？

学習日　月　日（　）　組　番氏名

①自分の住んでいる札幌市について調べようと思います。札幌市のいろいろについて調べたいので・・・まずは参考図書の中から（　　　　）で調べてみることにしました。グループで１冊、「札幌（市)」が載っている巻を探してきましょう。どこの会社のでもいいですよ！さあどうぞ！

②さて，では早速、**札幌（市）について**みんなで自分たちのグループの資料を読んで調べ、次の（　　）に書き入れましょう。

１，人口は？・・・（　　　　　）人
２，区の数は？・・（　　　）区
３，面積は？・・・（　　　　　　）

③各グループから発表してもらい、次の表に書き込んで下さい。

| | 人口 | 区の数 | 面積 | 『資　料　名』（発　行　所，発　行　年） |
|---|---|---|---|---|
| 1 | | | | |
| 2 | | | | |
| 3 | | | | |
| 4 | | | | |
| 5 | | | | |
| 6 | | | | |
| 7 | | | | |

④どうして違うか、考えましょう。
（　　　　　　　　　　　　　　　　　　　　　　　　　　　　）

**まとめ**

①知りたい情報は、情報源によって（　　　）ことがある！だから、調べるときは、少なくとも（　　）種類以上の資料にあたって（　　）てみることが大切！
②何かを調べる時は、なるべく（　　　）い情報源を使って調べよう！
※インターネットはかなり（　　　）い情報が満載だけれど注意！！出所が確かなものを使おう！「インターネットからの情報は９０％はクズだ！」と言っている人もいるくらいなのです。ちゃんとした本で調べる方が確かなことが多い、ということも覚えておこう！

や生徒の関心を喚起していくことが有効なのである（そのためにも、司書教諭がなるべく調べ学習に入ってＴＴができるように、活動時間数の確保や専任化が望まれる）。

こういうことを積み重ねて体験的にタイミングよく、全校体制で、情報の扱い方や取捨選択の仕方を学ばせていくことが重要であり、その全体計画がますます必要になってくる。

**こぼれ話**

### 「少年Ｈの疑問」

情報を疑う……、ということでは、いつも私が指導の際に引き合いに出す小説がある。『少年Ｈ』（講談社）だ。この中でＨが新聞の「大本営発表」の報道に対して、本当か？　と疑っているところが随所に出てくる。この態度は情報を疑うという点では大変よいと思うのだ。

『少年Ｈ』自体に関しては「事実と違う」という指摘などが後になされ、いろいろと批判もあるが、あくまでも小説として読むとき、この部分は大切なことだと思うのである。

# 第6節 レポート作成法の指導

ここでは、今まで紹介したような「学び方の指導」を経て年度末に実施する、レポート作成法の指導例を紹介する。

## 1 簡易レポート（ミニレポート）の作成法

これは1年生の国語科で指導する。教科書にも、「国語便覧」などの資料集にも、形式つきで出ているので、指導しやすい。

手順としては、簡単なテーマを設定させ、生徒はそれについて情報カード（55ページ参照）や参考資料リスト（次ページ参照）を作り、形式の決まったA４判のレポート用紙1枚にまとめるだけである。「レポート」としての体裁は用紙に書かれているので（85ページ参照）、それに従って書いていくだけで、形式の整ったレポートが作成できる。国語科以外の教科や総合的な学習の時間でも十分使えるため大変便利である。

レポートの形式としては、「テーマ、動機、方法、内容、考察、参考資料」の項目がそろっている

# (　　　　　　　　　　)用参考資料リスト

※これをしっかり書き、作成したものの最後にきちんと書きましょう。（最初の例を参考に！）

年　組　番氏名

## 図書

| 分類番号 | 書　　　名 | 発行所・発行年 | 参考ページ・その他 |
|---|---|---|---|
| ０３０ | 『ポプラディア　１』 | （ポプラ社・２０１０年） | ｐ２３０　アトムについて。 |
| | | | |
| | | | |
| | | | |
| | | | |
| | | | |

## 新聞・雑誌・切り抜き・パンフ・リーフ等

| タイトル | 発行所 | 発行年月日・号 | 参考ページ・その他 |
|---|---|---|---|
| 『北海道新聞』 | （北海道新聞社） | 2014,2,16 (日)　朝刊 | 12 ページ 夕食献立 |
| | | | |
| | | | |
| | | | |

## インターネット

| タイトル | 発信元 | アドレス | 利用した年月日 | その他 |
|---|---|---|---|---|
| 『著作権なるほど質問箱』 | （文化庁） | http://bushclover.nime.ac.jp | 2014,2,27 (火) | |
| | | | | |
| | | | | |
| | | | | |

※インターネットは「でどころ」のしっかりしたものを使いましょう。「9割はクズ」といわれています。注意！

※図書やそれ以外の資料も、なるべく新しいものを使いましょう。

※情報は複数を比較して使いましょう。ひとつだけを鵜呑《うの》みにしてはだめですよ！

<　　　　　　　　>**レポート**　　　　　　　<　年　　　科>

レポートの題名

年　組　番氏名

1，はじめに（動機とそのテーマの設定理由は？･･･文章で書く）

2，調査の方法（文章で書く）

3，調べた内容（丸写ししない・情報カードにまとめてから，考えて構成する）

4，調べた結果についての考察（文章で書く）

5，参考資料（『　　　　』（　　）の形で書く。複数あること。）

ことが必要である。しかし、往々にして「レポート」と称する似て非なるものが生産されてしまうことがあり、以前から大変気になっていた。しかも指導者側がそれでよいと思っている節もある。特に「参考資料」の欄が無視されることも多かった。それでは著作権の指導もできない。

この形式を何とかして国語科以外の教科や領域にも広げられないものか……。そう考えてあるとき、これらの項目すべての記入欄を設定した様式の型を作って、校内全教員のコンピュータから共通にアクセスできる「様式」のフォルダに入れてみた。校内の教員であれば、いつでも誰でもそこからプリントアウトして授業で使えるようにしたのである。そして校内研修会でPRした。「これを使えばいつでもきちんとしたレポートを作らせることができます」云々。

すると、いろいろな教科や総合的な学習の時間でこのレポート形式を使ってくれるようになった。使用者が「内容」の部分を伸ばしたければそうすればよいのだ。実際、いくつかの教科では「内容」を伸ばして表裏に書かせるようにしていたし、国語科の場合は縦書きにしたこともある。総合的な学習の時間ではさらに「視点」という項目も付け加えて、レポートの骨子をひと目で見渡せるようにしていたこともあった。

「考察」のところは、最初「感想・意見」などの言葉にしていたが、そうすると本当につまらない感想や間違った感想（「これを調べてみてよかったです」などというような、内容に関わらないもの）が出てきてしまうので、校内研修会で相談して「考察」とした。また、それぞれの欄には何を書くかの注釈も入れてある。これなら見ただけで理解しやすく、指導者側もレポートに必要な内容を漏らすことなく指導できる。

さらに、できたレポートを使って発表会をしたこともある。その際には、発表そのものについての指導も欠かせない。資料提示の仕方（このレポートの印刷か、その他模造紙か、紙芝居形式か、コンピュータを使ったプレゼンテーションにするか等、発表形式は自由）、話し方、動き方等も含めたもので、全体的な学び方の指導になる。これを総合的な学習の時間などで一度しておくと、教科での発表もだんだん上手になってくる。やはり積み重ね（スキル）が大切なのである。

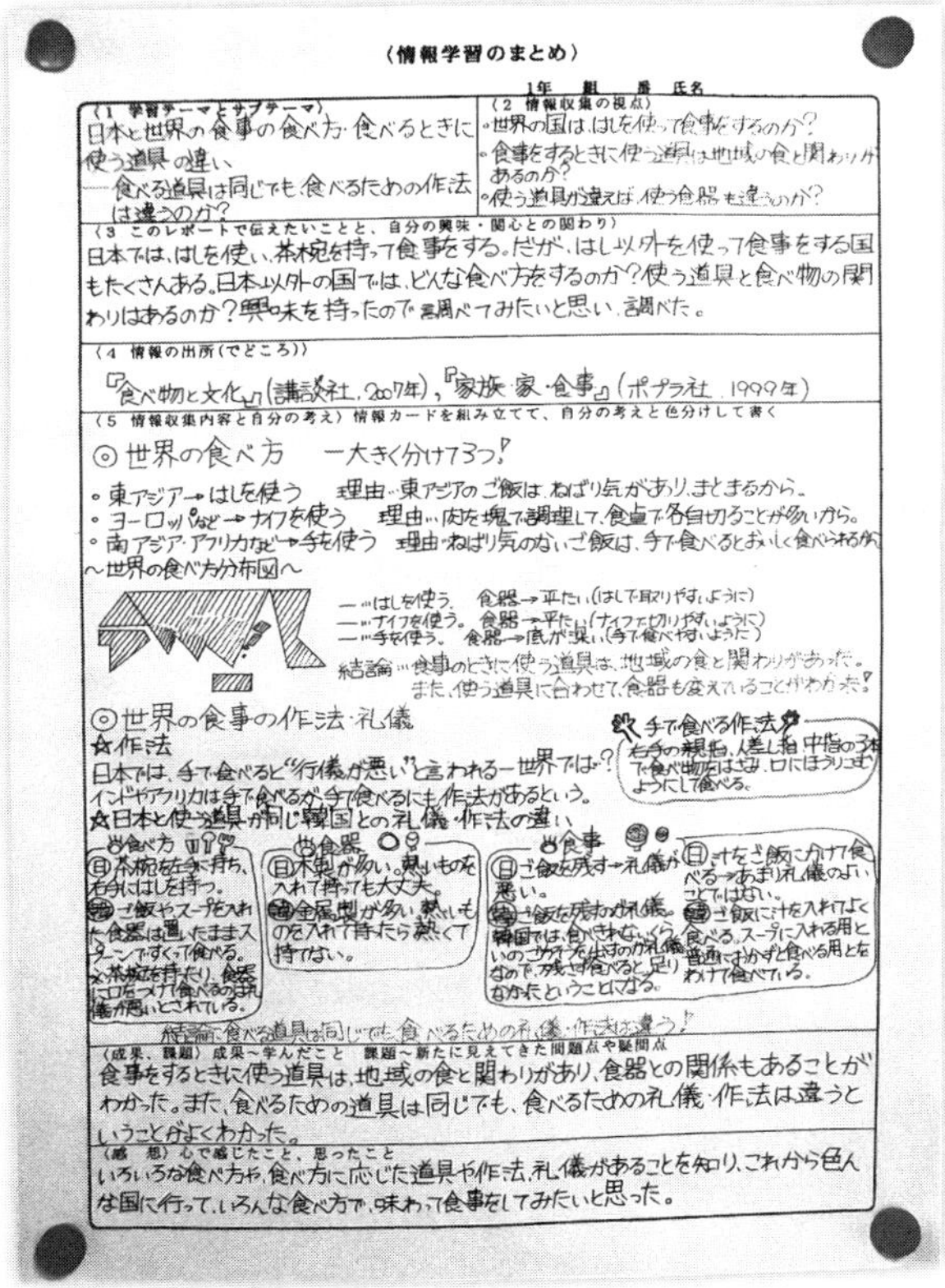
〈情報学習のまとめ〉

1年　組　番　氏名

〈1 学習テーマとサブテーマ〉
日本と世界の食事の食べ方・食べるときに使う道具の違い
―食べる道具は同じでも、食べるための作法は違うのか？

〈2 情報収集の視点〉
・世界の国は、はしを使って食事をするのか？
・食事をするときに使う道具は地域の食と関わりがあるのか？
・使う道具が違えば、使う食器も違うのか？

〈3 このレポートで伝えたいことと、自分の興味・関心との関わり〉
日本では、はしを使い、茶碗を持って食事をする。だが、はし以外を使って食事をする国もたくさんある。日本以外の国では、どんな食べ方をするのか？使う道具と食べ物の関わりはあるのか？興味を持ったので調べてみたいと思い、調べた。

〈4 情報の出所（でどころ）〉
『食べ物と文化』（講談社、2007年）、『家族・家・食事』（ポプラ社、1999年）

〈5 情報収集内容と自分の考え〉情報カードを組み立てて、自分の考えと色分けして書く

◎世界の食べ方　―大きく分けて3つ！
・東アジア→はしを使う　理由…東アジアのご飯は、ねばり気があり、まとまるから。
・ヨーロッパなど→ナイフを使う　理由…肉を塊で調理して、食卓で各自切ることが多いから。
・南アジア・アフリカなど→手を使う　理由…ねばり気のないご飯は、手で食べるとおいしく食べられるから。
～世界の食べ方分布図～
―…はしを使う。　食器→平たい（はしで取りやすいように）
―…ナイフを使う。　食器→平たい（ナイフで切りやすいように）
―…手を使う。　食器→底が深い（手で食べやすいように）
結論…食事のときに使う道具は、地域の食と関わりがあった。また、使う道具に合わせて、食器も変えていることがわかった！

◎世界の食事の作法・礼儀
☆作法
日本では、手で食べると"行儀が悪い"と言われる―世界では？
インドやアフリカは手で食べるが、手で食べるにも作法があるという。
手で食べる作法：右手の親指、人差し指、中指の3本で食べ物をはさみ、口にほうりこむようにして食べる。
☆日本と使う道具が同じ韓国との礼儀・作法の違い
食べ方：日 茶碗を左手に持ち、右手にはしを持つ。韓 ご飯やスープを入れた食器は置いたままスプーンですくって食べる。※茶碗を持ったり、食器に口をつけて食べるのは礼儀が悪いとされている。
食器：日 木製が多い。熱いものを入れて持っても大丈夫。韓 金属製が多い。熱いものを入れて持ったら熱くて持てない。
食事：日 ご飯を残す→礼儀が悪い。韓 ご飯を残すのが礼儀。韓国では、食べきれないくらいのごちそうを出すのが礼儀なので、残さず食べると、足りなかったということになる。日 汁をご飯にかけて食べる→あまり礼儀のよいことではない。韓 ご飯に汁を入れてよく食べる。スープに入れる用と普通におかずと食べる用とをわけて食べている。
結論：食べる道具は同じでも、食べるための礼儀・作法は違う！

〈成果、課題〉成果～学んだこと　課題～新たに見えてきた問題点や疑問点
食事をするときに使う道具は、地域の食と関わりがあり、食器との関係もあることがわかった。また、食べるための道具は同じでも、食べるための礼儀・作法は違うということがよくわかった。

〈感想〉心で感じたこと、思ったこと
いろいろな食べ方や、食べ方に応じた道具や作法、礼儀があることを知り、これから色んな国に行って、いろんな食べ方で、味わって食事をしてみたいと思った。

総合的な学習の時間で作成され掲示された簡易レポート

## 2　図書館探検！　レポート（報告文）を作ってみよう！

総合的な学習の時間や国語科などで、簡易レポート（ミニレポート）の作成法を指導するのとは別に、それまでの学び方の指導を総合し、年度末などに1学年の国語科で7～8時間計画で行う。国語科の作文指導との「教科融合」の指導であり、いわば「1年生の卒業論文」である。

### (1)　ねらい

学び方の指導としては、それまで学んだことを生かしつつ、そのまとめとしてレポートの書き方を体験的に学ばせることがねらいである。また、国語科としては、説明的文章の一種である報告文を書く際に、「形式をふまえて、読み手を意識したわかりやすい文章を書く力を養うこと」をねらいとしている。

とかくこういう文章では、自分のわかったことをまとめるだけで精一杯であったり、それでよいと考えたりする傾向がある。これは大人にも言えることだが、そうなると本人はわかっていても、他人が読むとわかりづらかったり、つまらないものになったりしがちであり、それでは意味がない。他者を意識し、どんな人でも興味を持ってわかりやすく読めるようにと考えるのは、学び方の指導上でも大切なことなのである。

## (2)【指導手順】

手順1 テーマの決定と参考資料のリストアップ（1時間）
手順2 情報カードの作成とレポート構想（3時間）
手順3 下書きと推敲・相互批評（2時間）
手順4 原稿用紙にペンで清書（1〜2時間）

この手順で書かせていくのだが、ただ書かせるだけではよいものはできない。いくつかの工夫点を述べておく。

### ★読み手を意識させる――意欲の喚起とわかりやすい記述のために

まず、取り組む際の意欲付けとして、先輩たちの作ったレポート集を見せ、「これは図書館資料として本校図書館に永久に残るものだ」と言うと、生徒たちは俄然《がぜん》張り切り出すから面白い。「この学校の誰かに読まれる」という明確な「相手意識」が意欲につながるのだ。

さらに読む対象を次の新1年生（つまり小学校高学年修了くらいの学力）からとすることで、どうすればわかりやすくなるかと、文章の書き方や説明の仕方にも工夫が見られるようになる。だから、決して自分にもわからないような文章にはならないし、少なくともそうならないために心がけるようにはなる。清書時のふりがな一つ、文字の書き方一つとっても考えて書くようになる。

また、下書き記述の途中でも、「そのことに興味のない人でも、読んで面白い！、先を読みたい！

# 図書館探検！！

報告文（レポート）を書こう！　　　1年生のレポート教室①

自分の好きなことを心ゆくまで調べるというのは実に楽しいものです。皆さんも国語辞典や百科事典で調べる時に、つい別の、気になる面白そうな言葉や事柄に引っかかって、次々とリンクしたり突っ込んだりして調べてしまったことはありませんか？　こんなふうに調べることはじつに楽しいものなのです。いわば「知の探検」ですね。今回はそれをどう文章のレポート（調べたことの報告文）にまとめればいいのか、楽しみながら作ってみましょう。

**＜手順＞**

①調べてみたいことをピックアップし、そこから一つのテーマを決定！（なるべく小さいことにするのがポイントです。大それたテーマは大変。また、疑問文の形にすると取り組みやすい。）

②調べるための資料をリストアップする。（この図書館にある資料を２種類以上。同じことが載っていても内容が違うときもあるのでしたね。だから１つのことにも２種類以上の資料を比べながら使うことが大切。また、参考図書を必ず１種類は使うこと。）

③資料から必要なことを情報カードにまとめていく。（そのまま書くと時間がかかるので、要約するとよい。書いてあることに忠実に。たとえ知っていることでもその資料に書いていないことだったら勝手に付け足さないこと。また、自分の感想などを入れないこと。必ず参考資料名と発行所、出版年を書くこと。１枚の中に２種類以上の資料からごちゃまぜに書かないこと。・・・等が情報カードに書くときのポイントでしたね。

④構成を考えて「レポート教室②」の表に項目やだいたいのあらすじを書く。

（③と④は同時進行です。）

⑤原稿用紙に下書きする。

⑥推敲する。友達と読み合って相互評価して良いものにする。

⑦ペンで清書する（ペンは黒か青）。図や表などは白い紙に書いて貼る。

**最後は学級ごとに製本し、図書館に永久保存します。**

**＜文章を書く上でのポイント＞**

①小学校高学年の子どもにも分かるような文章にする。もちろん、資料の丸写しや、難しい言葉の羅列（ずらずらと並べること）は厳禁！！難しいことを易しく説明できるのが本当に分かっているということです。偉ぶって難しい言葉ばかり使うのはよくない！文体はもちろん統一。

②内容を、「初め・中・終わり」の３つに分けて段落もほどよくつける。

※最後に参考資料はもちろんきちんとつける！これがないと情報泥棒になってしまいます！

**＜筋道の通った、読み手に分かりやすいものにしよう！！読む人をしっかり意識すること！＞**

・・では早速・・**テーマ決定**のために！・・・・・・・・・・・・・・・・・・・・・・・・

いろいろ好きなものを上げてみよう！

**これに決定！**（疑問文の形で書こう

1年　組　　番氏名

# 図書館探検！！

報告文（レポート）を書こう！　　１年生のレポート教室②

＜**構成**を考えよう！＞

| | |
|---|---|
| 初めの部分 | **動機**（どうしてこれを調べようと思ったか？　文章では５行以上書く。）<br><br>**方法**<br>　そこで学校の図書館で資料を探し、それらから情報カードにまとめ、それをもとにこのレポートを書いた（書きました）。 |
| 中の部分 | ここに、調べたことを項目に分けて書く。見出しをつけよう（６までなくても良い）。<br>1、<br>2、<br>3、<br>4、<br>5、<br>6、 |
| 終わりの部分 | 調べてみてその内容について自分が考えたり感じたりしたことを書く。文章では１０行以上書く。途中で情報カードにまとめながら思ったこともここにメモしておくと役立ちます。 |

1年　組　　番氏名

＜さあ、**下書き**です！＞

①レポートの題名は内容が分かるように好きにつけて良い。テーマの書き方と一致しなくても良い。読みたくなるような題名で、しかも内容が分かるものにしよう。サブタイトルも良い。

②出だしの工夫をしっかり。問いかけ型、いきなり型など、どっきり書き出しを工夫して、読む人が思わず読みたくなるような出だしにしよう。

③「初め・中・終わり・参考資料」の間は、それぞれ１行ずつあけること。「中」の部分の項目と項目の間はあけてもあけなくてもどちらでも良い。項目を、番号もつけて書いて見出しのようにしても良い。番号をつけずに項目だけにしても良い。項目を書かずにただの段落にしても良い。ここの書き方は自由。読む人が分かりやすいように工夫しよう。参考資料を書くのを忘れずに。書き方は参考資料リストと同じです。

と思うように書き進めなさい」と指導する。「相手意識」を常に意識させることは重要なのである。

### ★テーマ設定時の工夫
#### ――自由テーマで・連想ゲーム的に・ウェビングも

テーマを決めるときは、自由テーマとすることで意欲喚起につながる。実践するたびにうれしいのは、生徒が「自分の調べたいものを調べてよい」となると、嬉々として取り組む、その目の輝きである。

ただ、すぐに書きたいことが決まる生徒は少ないので、こちらから「好きな食べ物」「好きなスポーツ」「好きな生き物」「好きな国」「好きな人」（ここでたいてい誤解して笑いが起こるので、「歴史上の」などとすぐに付け加える）、「最近疑問に思ったこと」等々、次々と「お題」を出し

図書館資料として永久保存しているレポート集

レポート集を開いたところ

てやり（黙って「お題カード」を見せていくのもよい）、生徒はそれについて連想する言葉を次々に黙って紙に書いていく。ブレーンストーミングの一種である。多くの生徒は、ほとんど無意識のうちに列挙したものの中から、自分が疑問に思ったり気になっていたりすることを見つけ出せるので、テーマを決定しやすいようだ。ここでは黙って書かせることが大切で、途中で話し出させると止めどなくなる。書いた後に一定の時間だけ交流させるのならば効果的である。

また、なるべく小さく調べやすいテーマに絞るためには、「～の～について」という形に「の」という助詞を使って小さく砕いていくように指示する（例：宇宙の→太陽系の→土星の→輪について）。最近は、小学校でかなり指導されているらしいウェビングの方法を使う生徒もいて、これも効果的である。いずれにしてもテーマは初めのうちになんとしても小さく砕かせることが大切で、そうしないと生徒が自分で自分の首を絞める結果になってしまう（経験上）。一世一代のレポートを作ろう！などと壮大な計画を立てている生徒には、心を鬼にして小さくさせる必要がある。

さらに、疑問文の形（例：土星の輪は何からできているのか？）でテーマを書かせると、調べる内容がより具体的なものになり、効果的である。

**★ 参考資料リストアップ時に……——複数の資料を比較させるために**

参考資料のリストアップ時には、複数の資料を使うように指導する。これは前述したように、一つの情報だけを信じ込まないようにさせるためである。

生徒はとかく一つの資料・情報を見つけると、大喜びしてもうそれだけでいいと思ってしまう。しかし、これは「情報を比較・分析・吟味した上で評価して使う」という点でよくない。必ず2種類以上の資料を突き合わせて使うように指導する。また、使用する資料のうち、1種類以上は参考図書を使わせるようにするのも資料の信頼性の点で大切である。

電子メディアを使わせる場合、インターネットからの情報は信用できる情報源のものを使うよう、なるべく個別に十分な指導をすることが大切である。その場合も家で勝手に検索するのではなく、学校図書館で指導者がついて検索させるとよい。

参考資料リストに書き込む

**★情報カードにはなるべくまとめさせる――情報を自分のものにさせるために**

情報カード作成時にも、一つのことについて2種類以上の情報源から調べ、それぞれ情報カードにまとめるように指導する。別々の情報源からまとめたそれぞれの情報カードを絶えず突き合わせることで、その比較をさせ、情報の違いを意識させる。その上でどちらの情報を使うか、あるいはどの部分をどちらの資料から使うかを判断させる。情報の吟味と選択の点で重要な指導である。

情報カードにはなるべくまとめるように指導する。本来、引用でもよいのだが、それでは時間もかかり、生徒が自分で消化できないのに丸写しするということにもつながりかねない。また、自分でわからない点は、さらに調べたり聞いたりして十分に納得してまとめるようにさせる。その方が次の下書き段階になっても役立つのである。ただ気をつけることは、あくまでも「その資料に書かれていないことは書かない」という鉄則を守らせることである。また、自分の考えや感想を勝手に情報カードに書き入れないという点も、54ページで述べたように再度しっかり指導する。そのためにも、学校図書館の机上には「情報カードの書き方見本」（55ページ参照）を常備しておくとよい。

**★構成を考えさせながら——レポートの内容を具体的にするために**

情報カードの作成と並行して、説明項目をも考えさせ構成を意識させる。その方が調べていく方向性や自分が実際に書く内容も定まってくるからである。時間が際限なくあれば、調べるだけ調べてからその内容を取捨選択し、自由にレポートを作成することもできるが、限られた時間の中では調べつつ構成を考えさせる方が時間のロスが少ない。

**★下書きと推敲・相互評価——相手意識を・友人からの言葉の効果**

さて、いざ下書きの段階になると、まずは考えたままに原稿用紙に書かせていく。ただ、いつも「小学校高学年が理解できるか」「そのテー

情報カードをもとに下書きを書く

第3章

マに興味のない人も面白く読めるか」ということを念頭に置くように、また、絶えず自分の文章を読み直しながら書き進むようにさせる。「相手意識」は表現する段階になって特に重要なのである。

推敲段階では、自分で推敲するだけでなく、友人と互いに読んで下書きの最後の部分に評を書かせ、相互評価をさせるとよい。そこに重要な指摘があったりして、友人からの言葉の影響は大きい。また、他人の評価を書いた本人も今度はそれを自分の表現に投影させるようにもなる。時間がないとなかなかできないが、この「読み合い」はかなり効果的なことなのだ。できるかぎりさせたいものである。

**★清書時も読み手を意識して**

清書の段階では、書写の時間の硬筆指導を意識させ、ペンで書かせる。この段階でも「相手意識」は大切である。きれいで読みやすい文字、読みやすい文章、図版の場所や大きさ・色等の配慮をさせ、難しい漢字にはふりがなをつけたり注釈をつけたりさせる。「先生、この漢字、読めるでしょうか?」「この言葉の意味、わかるでしょうか?」などと、生徒はじつに慎重に考えるものである。

もちろん、参考資料をすべて最後に書くことや、引用した図版等には必ずそこに出典を書くことなども、著作権の指導として忘れてはならない。

レポートに取り組んでいるところ

## (3)「こんな授業だったらいつでもやりたい！」

このようにして、「無事完成！」となるのだが、出来上がると皆大喜びである。苦労した分、達成感は大きいのだろう。いつも年度末に実施するので、「4月に開館したら読めるよ」と言うと、生徒たちはもうワクワクしている。出来上がったレポートを学級ごとに綴《と》じて学校図書館に置くと、次年度の開館時には引っ張りだこになる……という具合である。指導者としても達成感や喜びは大きい。

この指導で、指導する側として重要なことは、レポート完成までのどの段階においても、一人ひとりに毎回提出させて点検し、指導することである。40人学級を数クラス担当していたりすると、じつに大変な作業だが、一人ひとりの力を伸ばしてやるためには楽はできない。だからこそ達成感はひとしおなのである。ただ、40人よりは20人程度を対象にする方がよいのはもちろんである。こういう場合の指導は、せめて20人規模で行いたいものである。また、TTの必要性もいつも感じることである。一学級の人数の削減や、司書教諭の専任化（いつでもTT指導ができる）、学校司書の正規配置等、今後の制度改善を期待したいものだ。

初めてこの授業をしたのはもう30年近く前のことになるが、そのときある生徒が、「先生、この授業面白かった！　いつでもこういう授業だったらいいなあ！」と目を輝かせて言う。その声が忘れられずにずっと続けてきた。やはり自分が知りたいことを調べて何らかの形にする……ということは文句なく楽しいのである。

レポートに取り組む。2クラス合同になってしまいビチビチに混んでいる

ただ、「形にする」と言っても、発信する方法はさまざまにある。この場合は「レポート（報告文）集にして学校図書館に置き、誰もが読める」というものだが、その他にも発表会をする、ミニレポートや新聞の形にして印刷や掲示をする……など形態はさまざまだ。電子メディアを使って作成する方法もある。発表の仕方や印刷物・掲示物の作成法もさまざまだ。バリエーションを考えながら多彩な方法を指導していきたいものだ。

そのためにはこういう指導を、誰がいつ、どこで、どのように、行うか？　という学校全体の計画が必要である。次章ではその計画作りの例を紹介したい。

出来上がったレポート例



No. 1

# 回転寿司でよ〜く見かけるマグロとは？

みなさんは中トロや鉄火巻《てっか》は好きですか？自分は回転寿司で見かけると、思わず手がのびてしまいます。マグロが好きになる前、自分は回転寿司で牛カルビと甘エビしか食べませんでした。ある日、両親に

「マグロも食べてみたら？」

と言われたのでドキドキして食べてみました。すると、たちまちマグロのことが大好きになり、しばしば食べるようになりました。

とにかく、自分は寿司ネタとしてのマグロが大好きです。そこにいるあなたにも負けないぐらい……。

そこで学校の図書館で資料を探し、それらから情報カードにまとめ、それをもとにこ

No. 2

のレポートを書きました。

一、寿司ネタとしてのマグロ

まず最初に、寿司ネタとしてのマグロについてみてみましょう。

赤身は、みなさんがマグロの中で一番よく食べると思います。トロに主役は奪《うば》われつつありますが、かつてはマグロを代表するものであり、その色合《いろあ》いも寿司にはかかせません。

中トロは、マグロの腹部《ふくぶ》の霜降《しもふ》りのことをいい、脂肪《しぼう》は、二十パーセント前後で口の中でなめらかにとけます。

大トロは、腹から少し尾《お》よりの脂身《あぶらみ》のことです。脂肪は二十五パーセント前後で、口に入れた瞬間《しゅんかん》にトロけます。昭和の半《なか》ばまでは上物のネタではありませんでしたが、輸送技術《ゆそうぎじゅつ》の発達により、人気が高くなりました。

最後は鉄火巻《てっか》、もともとは赤

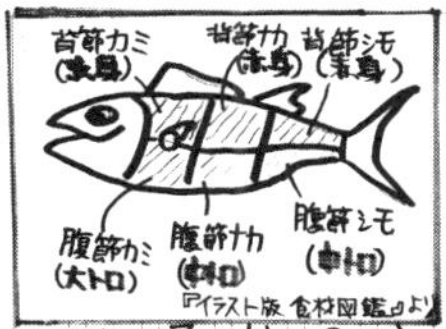

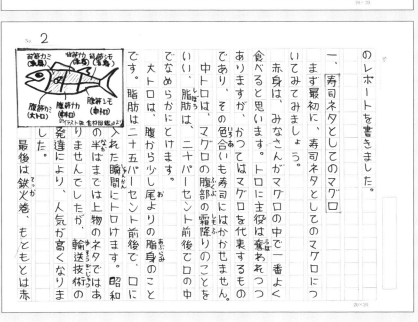

No. 3

身を巻いたものでしたが、保冷・冷凍《とう》技術の発達で今ではトロが好まれています。

二、食材としてのマグロ

さて、次に寿司より大きな範囲《はんい》でマグロを見ていきましょう。

新鮮《しんせん》なマグロは寿司はもちろん、刺身、山かけ、酢《す》みそあえなどで食べるといいでしょう。ほんまぐろの旬《しゅん》は十月－二月頃《ごろ》です。

ちなみに、二十キロ以下のほんまぐろを「まめじ」といいます。

栄養素は、たんぱく質が全体の約二十八パーセントあり、ずばぬけているといえるでしょう。

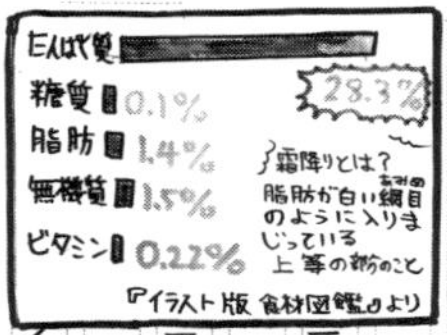


三、マグロの基礎《きそ》知識

ここで、マグロのことについてくわしくみていきましょう。

マグロが食べるものは、アジ、イワシ、イカなどで、日本には

20×20

No. 4

主に黒潮に乗って移動してきます。

マグロ類には、クロマグロ（ホンマグロ）、ミナミマグロ、メバチ、タイセイヨウマグロ、ビンチョウ、コシナガ、キハダの七種類を含みます。この中で最も大きいのがクロマグロで、体長が三メートル、体重が三五〇キログラムもあります。

また、マグロは海流に乗ると、時速百キロメートル以上のスピードで泳げます。

四、マグロのこれからと今

最後に、マグロに関わる問題についてみていきましょう。

縄文《じょうもん》時代から人間が食べてきたマグロは、今とりすぎにより、数がかなり減少《げんしょう》しています。とれる数も制限され、アメリカ、中国で寿司ブームがおきているのもあり、マグロの確保が難しくなっています。

日本は、世界のマグロの約五分の一を国内で消費しており、半分以上のマグロを輸入に

20×20

No. 5

頼っています。しかし、海外からはマグロをとることへの批判もあります。

その一方で、最近ではマグロの中でも最もおいしいとされるクロマグロの完全養殖《ようしょく》に成功しています。三十二年の努力の末、近畿《きんき》大学水産研究所が不可能を可能にしました。

いかがでしたか？自分はマグロについて深く調べてみて、改めてマグロの魅力《みりょく》にとりつかれた気がします。

しかし、マグロに関する問題も多く、マグロの数が減っているという現実もあります。普段《ふだん》、回転寿司に行けば普通に食べられるマグロが私たちの手から遠い存在になる日も近いのかもしれません。なま物だから腐《くさ》りやすく、食べられずに捨てられることもあるでしょう。回転寿司で回っている寿司の中で、客に食べられなかったものは処分《しょぶん》されるのでしょうか？それについてはわかりませんが、余分に作って回すのはよくないかもしれません。

20/20

No. 6

（そのわりに自分はしょっちゅう回転寿司に行きますが……。）

無駄を無くすこと、マグロを食べられることに感謝（あたりまえに思わない）すること、これらが自分は重要だと思いますが、みなさんはどう思いますか。

参考資料

『すしの魚』（平凡社　一九九五年）
『イラスト版　食材図鑑』（合同出版　二〇〇五年）
『世界大百科事典27』（平凡社　一九八八年）
『ポプラディア9』（ポプラ社　二〇〇二年）
『ポプラディア情報館　日本の水産業』（ポプラ社　二〇〇八）
『としょかん通信』（全国学校図書館協議会　二〇〇九、十月一日発行）

20×20

こぼれ話

## 「自分で自分の首を絞める」

以前この指導をしていたとき、M君という生徒がいた。釣りが大好きで、それについて調べて書くという。「あら、先生はあまり興味ないなあ。全然知らない世界だわ！　私にもわかるように書いてくれる？」と言うと頑張った。できたものを読むとよくわかる。そして本人が感じている釣りの楽しさ、面白さがちゃんと伝わってきたのだ。本人も楽しんで書いていた。「相手意識」は本当に大切である。

ただ、テーマを絞るとき、どうしても絞りきれない生徒がいる。あるとき、K君は宇宙に興味があり、どうしても調べたかったらしい。いくら「テーマを砕いて」「宇宙の何を？」などと言っても聞く耳を持たない。膨大な数のカードを作り、やっと下書きに移るころには、もう皆できていた。仕方なく放課後も図書館で書き続けたが、書いても書いても終わらない。知りたいことがありすぎてあまりにも壮大なテーマにしたためである。それ以来、私は心を鬼にして「テーマは小さく！　砕いて！」と叫んでいる。

しかし、それでもなかなか諦められない生徒はいて、最近も幕末について熱意を持って数十枚のレポートを書き上げたY君という生徒がいた。できたものはちょっと難しくマニアックで新1年生には難しいものだったが、幕末好きな生徒たちには評判がよかった。そういうこともあるのだ。本人が楽しく自分の首を絞めている分には仕方ないか……と諦めた出来事だった。

第4章

# 「学び方の指導」を全校で体系的に展開するためには？

ここまで学び方の指導のさまざまな実践について述べてきたが、そういう指導を体系的にしていくためには学校全体の計画が必要である。ここからはその計画作りの例を紹介し、まとめとする。

## 1 まず自分が実践

いきなり計画を作ろうとしてもどうしてよいかわからない。司書教諭が一人で作れるものでもない。隗《かい》より始めよ。最初はまず学び方の指導の実践を自分がやってみる。内容は今まで紹介したようなものの中で、そのときできそうなものからである。「MY FAVORITES」でもよい。辞典や図鑑の指導からでもよい。とにかくやってみて、そのよさ、楽しさを周りに話す。一つうまくいけばまた他の指導も……と自分の実践を広げていく。そして、できれば公開授業をして、見に来てもらうとよい。

## 2 そして他教科、他領域へ

その後、自分と同じ教科、同じ学年の仲間にやってみてもらう。そうすると自分の教科での学び方の指導が定着していくようになる。

また、他教科の人にも、適切な図書館資料やそれを使ってできる内容を紹介して、実践してもらう。紹介するときは、図書館に来てもらっていっしょに書架を見て回るとよい。「これは使える！」という本が見つかるものである。また、新着図書が来たら、持っていって見てもらうのもよい。廃棄候補の本を持っていって見てもらうのもよい。とにかくなかなか「使える資料」に自らは接する機会のない教員に、図書館資料に目を向けてもらうことが大切なのである。英語科での辞典類の活用、理科での図鑑の活用などは実践の早道だろう。

また、総合的な学習の時間でも、資料で調べる際に融合させて学び方の指導を入れてもらったり、司書教諭がＴＴで入って学び方の指導の部分を分担するのもよいだろう。学級活動や道徳など、教科以外の領域にも広げていくとよい。

とにかくあらゆる機会を捉えて、単発でよいから「まず自分がやってみる」「他の人にやってみてもらう」のである。そして広める。すべてはそこから始まる。

## 3 研修会で説明

**1**や**2**の実践と並行しながら、研修会で説明するのも「理解してもらう」ためには大変効果的である。一人では作れない計画ならば皆で作るしかないのだが、そのためには皆に理解してもらう必要がある。

- 司書教諭が何のためにいるのか
- 学校図書館の資料とはどういうものがあるか
- 学校図書館やその資料でどういう指導をするのか
- その中の学び方の指導の意義や内容について
- 体系的な学び方の指導を全校的にする必要性について

……等が主な内容である。

考えてみれば、今まで学校図書館に関心がなかった、学校図書館が生きて機能している姿を見たことがなかった、という教員は多い。それが現状であるならば、少しでも理解してほしい。学校図書館の指導も生徒指導と同じように、全教科や全領域を通じて皆でするものだ、ということを大多数の教員が「知らなかった」ことが、なかなか学校全体での指導が浸透していかない原因である。それを打破するためには、とにかく何とか皆にわかってもらうことだ。「わかってもらいたい！」という熱い思いが、推進役としての司書教諭にはまず大切なのである。

○○中学校　第１回全体研修会　　2012.5.07（月）

# 本校の 情報教育について

司書教諭

## 1. なぜ司書教諭が情報教育にかかわるのか？司書教諭とは何か？（**資料**；「学校図書館法」）

→学校図書館の設置目的…「学校の教育課程の展開に寄与する」「生徒の健全な教養を育成する」
→司書教諭は、教科・学年・分掌を越えて、学校全体の図書館運営、図書館及びその資料・情報・メディアの活用とその教育に関わり、推進役となる。

司書教諭配置の経緯
◎「学校図書館法」の制定・・・1953（昭和28）年
◎高度成長期の教育と受験戦争・・・「附則」の「当分の間」が50年近くも！！
◎少子化と反省・・・「附則」の撤廃・・・1997（平成９）年
→2003（平成15）年から12学級以上の学校には必置となった。

## 2. 学校図書館の資料とは・・・？ ………あらゆる情報メディアが対象となる。

- 学校図書館資料
  - 図書資料
  - 図書以外の資料
    - 逐次刊行資料…新聞、雑誌、研究紀要等
    - ファイル資料…切り抜き、パンフレット、リーフレット、地図等
    - 視聴覚資料…レコード，録音・録画テープ，録音・録画ディスク等　紙芝居，スライド類，映画フィルム，ＯＨＰシート類
    - ソフト資料…フロッピー資料，ＣＤ－ＲＯＭ資料等

## 3. 学校図書館に関わる「指導」とは？

（１）読書指導（「＝読書活動」では**ない**）
（２）情報・メディアを活用する学び方の指導（以下「学び方の指導」と略す。「利用指導」とも言う。
**資料**；「情報・メディアを活用する指導体系表」）**→つまりこれは情報教育！**
（３）教科等の指導のために資料を活用する学習（「学び方の指導」と融合していることが多い。）
**→図書館活用学習・情報活用学習・調べ学習・広義の「読書活動」に関わる学習。**

※**「読書活動」とは**・・・よく使われる言葉だが、狭義ではいわゆる読み物（文学や伝記といったような）を読むことを指す。しかし最近は広義でもよく使われるようになっており、この場合は、学校教育全般にわたるすべての「読む」活動を指す。すなわち、文字通り、**いろいろな文章（図表なども含めて）で書かれた情報を読み、理解し、把握し、自らの目的達成のために行う全般的な活動**を指す。この二者は場面に応じて使い分けられているが、錯綜している場合も多い。学校図書館としては、当然この後者（広義）の方である。文科省や北海道、札幌市の子どもの読書活動に関する法律や計画等でも広義の方でとらえられている。

## 4. 体系的な情報教育の必要性

私たちの周りは情報の洪水であり、それは生徒たちの周囲でも同じ。大人でさえ何が信じるに足る情報なのかつかみにくい時代に、生徒たちがよりよい情報を選択し活用して自らの新しい情報を発信していけるだろうか。放っておいてはそういう力が育たないばかりか、多くの危険にさらされることにもなりかねない。そこで必要になってくるのは、さまざまなメディアが提供する言語や図表で表された情報を、どう読み解き、それを比較してよりよい選択をし、活用して自ら新しい情報を作り、発信していくかという力である。それは「読解力」であり、「情報リテラシー」であり、「言語力」・「コミュニケーション能力」と呼ばれるものにもつながる。そういう一連の力を育成していく指導が、今、生徒たちには必要なのである。

その力は、３，の（３）を繰り返す中で育成されてくるが、ただやみくもに繰り返すだけでは能率的ではない。（３）が能率的な形で成り立つためには、（２）の情報教育が必要であり、時には取り立て指導で、時には（３）との融合学習で育成されていく。だから、（２）・（３）の指導が学校教育できちんと体系的に指導される必要があり、それが「情報教育」の全体像なのである。

## 5. 学び方の指導（情報教育）はすべての教科・領域で，また図書館内・外で全校的に実施するものである。

（**資料**；「○○中総合<情報>の変遷」、今年度本校の「図書館及びその資料の利用と指導に関わる計画」）

**●図書館資料を使わせるときに・・・**

（1）「**参考図書**」（事典・辞典・年鑑・図鑑・地図・統計・白書等）の使い方を意識して指導しましょう。驚くほどわかっていない子もいる！

（2）「**目次**」「**索引**」の使い方を特に意識させましょう。索引はあきらめかけた項目を探すために大変役立ちます。テーマ設定に使うという裏ワザもあります。

**●図書館資料を使って情報をまとめ、活用させるときに・・・**

（1）情報の獲得の仕方をきちんと指導しましょう。そして**いくつかの情報を付け合わせて比較検討し、そこから選び取る**力をつけさせましょう。

（2）**丸写しはさせない**ようにしましょう。
引用の場合を除き，自分なりにまとめさせます。これは**情報を一度自分のものにさせるため**です。よく自分でも読めないような文章をそのまま書いている子がいますが，それは最悪のケース。ノートなり**情報カード**なりにいったんまとめさせてからレポートなどの発表物にまとめさせます。
※2・3年生は情報カードには慣れています。

（3）引用の場合は必ずその部分がわかるように書かせます。「　」を付けたり一段下げて書かせる等。

（4）必ず**参考資料は明記**させましょう。情報カードやノートにメモするときにも必ず。『書名・資料名』（出版社・発行所、発行年）は最低でも。著者名等もあるとさらによいでしょう。雑誌の場合は使ったものの年と月も書きます。新聞の場合は、加えて、使った情報の記載されている年月日や朝夕刊の区別も。インターネットの場合は『サイト名』、（出所）、URL、使った年月日を。ただし，言葉の意味を調べただけの辞書類については，普通は書きません。

**●発表させるときに・・・**

いろいろな発表法があります。生徒が持っている『国語便覧』に例が出ています（後ろの方のページ）。参考にさせるとよいでしょう。

## 6. 便利な「グッズ」を使いましょう。

（**資料**；情報カード書き方見本、「参考資料リスト」原版、「簡易レポート様式」原版）

（1）情報カード、「情報カードの書き方」見本は図書館入り口右のケースの中に常備してあります「情報カードの書き方」は各机に１枚ずつあるように準備し、ソフトケースに入れてあります）。

（2）「参考資料リスト」（記入例付き）の用紙と「簡易レポート様式」の用紙（必要な点を指示してあるもの）も１クラス分は同じケースの中に入れてありますし、コンピュータ（「各書式」の中）に原版も入れてあるので、いつでもそのまま印刷して使えます。コピーして使いやすい形に変えることもできます。

## 7. ともかく今年度は！

**●1年生**には…①いろいろな参考資料があることを知り、使ってみること。
②丸写しでなく自分でわかってからカードにまとめ、何とかレポートにまとめること。
③参考資料をきちんとした形で書くこと。

**●2年生**には…１年生のレベルにプラスして…
①目次・索引を意識して参考資料を使えること。
②いくつかの情報を比較・選択して使えること。
③さまざまな形でのレポート発表ができること。

**●3年生**には…１・２年からの総合的な力　　　・・・を目ざしたいと思います。

➡ この指導は一度指導したからといってすっかり身につくものではありません。**意識して繰り返し**ご指導ください。とにかく、ことあるごとに繰り返し意識させ、思い出させるように指導することが必要です。**全教科・全領域で**取り組み、生徒たちを育てていきましょう。

第4章

そこで、校内研修会を開く。単独ではなかなか時間をとるのが難しい場合は、年度初めの研修部（研究部）等の主催する会の一部分でよい。時間をもらって前述したような内容で行う（１０６ページ資料1参照）。情報カードの書き方や扱い方（53ページ）、参考資料リストの形式（84ページ）、簡易レポートの形式（85ページ）の説明なども盛り込む。このとき、実践すると生徒にどんな反応があり、どういう効果があるか、ということも必ずつけ加えるとよい。すると、自分もやってみよう、総合的な学習の時間の中で皆で指導しよう、などという声が聞こえてくるようになるはずである。私の場合は、その学校に赴任した年に研修部の先生と炉辺談話しているうちに、トントン拍子で学び方の指導の話を研修会ですることになったのが始まりだった。炉辺談話は意外と大切なのである。

何年か経つと教職員の入れ替わりもあるので、それまでの情報教育の歩みなども追加すると理解に役立つ。例として１０９ページから、ある学校の研修会で提示したそれまでの「歩み」（資料２）をのせておこう。

## 4 アンケートを出す形で計画表を作る

そこで、全体計画作りとなる。皆で、ということなのだから教員全員へのアンケートを出し、それをまとめることで計画を作る。

まず年度当初に「教科や総合的な学習の時間、道徳、学級活動等でこの1年間に図書館や図書館資

# 〇〇中学校総合<情報>の変遷

2012,5,7　司書教諭

## 2005（平成17）年度　総合<情報>（「総合A」として）実施状況

**学年**・・・２学年で。　**時数**・・・６時間　時間割の中に１クラスずつ入る形で。
**担当**・・・２学年の担当者４名（△〇、〇×、△△、×〇）。司書教諭は入れるときにＴＴで。
**原案**・・・司書教諭。司書教諭が前任校で行っていたものと、本校で以前から実施していたＮＩＥを参考に、担当者と相談しながら内容を決定して指導案を作成。

1、「MY　FAVORITES」・・・図書館のＮＤＣ（分類）の体験的理解。
2、「参考図書の利用法」・・さまざまな参考図書の種類や使い方を知り、実際に問題を解くために使ってみる。
3、「ファイル資料の作成」・・新聞を切り抜き、スクラップを作成して方法や使い方を知る。
4・5、「情報源読み比べ」・・・同じ日の新聞４紙をみんなで読み比べる。（２時間）
6、「情報カードの作成法」・情報をどうまとめたらよいのか方法を知る。

## 2006（平成18）年度　総合<情報>（「総合B」の中で）実施状況

**学年**・・・全学年で。
**時数**・・・１学年Ⅰ期に１０時間、２学年・・・Ⅱ期に１２時間、３学年・・・Ⅱ期に１０数時間入るが、Ⅲ期の共生（生き方）とあわせて１５時間以上。時間割の中に１クラスずつ入る形で。
**担当**・・・総合はすべての教諭で指導するという原則に則り、そのクラスが当たっている時間に教科の授業がない教師達（複数）で担当。
**原案**・・・１・２年の図書館関係のことは司書教諭、コンピュータ関係（主に１年）のことは□△先生、３学年については△〇先生が指導案を作成。

１学年…１，情報カードの作り方
２，参考図書ってなあに？（さまざまな参考図書を使って問題を解く）
３，ファイル資料を作ろう！
４，情報源の読み比べ
５，レポートの作り方と発表法
６～１０　コンピュータの使い方と検索（インターネットでさまざまな問題を解く）

２学年…１，コンピュータ室の使い方
２～３，参考図書ってなあに？（さまざまな参考図書を使って問題を解く）
４，情報カードの作り方
５，新聞の読み方とその利用…ファイル資料を作ろう！
６～７，情報源の読み比べ
８～１１，レポートの作り方と発表法
１２，まとめ

３学年…Ⅲ期の共生とあわせて「生き方」について、図書資料やコンピュータを使って「卒業論文」を書く。

## 2007（平成19）年度　総合<情報>実施状況

**学年**・・・全学年で。
**時数**・・・１・２学年はⅡ期に１３時間ずつ。３学年はⅡ期に１０数時間入るが、Ⅲ期の共生（生き方）とあわせて１５時間以上。時間割の中に１クラスずつ入る形で（３年Ⅲ期の共生は一斉）。
**担当**・・・教科のように１クラスずつ１人の情報担当者が指導する形。

**原案**・・・１・２年は司書教諭が作成、３学年については昨年度と同じ指導案で。
１学年…１，参考図書ってなあに？・・・百科事典
２，参考図書ってなあに？・・・年鑑と図鑑
３，参考図書ってなあに？・・・いろいろな参考図書①
４，参考図書ってなあに？・・・いろいろな参考図書②
５，情報カードの作り方（復習）
６，新聞の読み方とその利用・・・ファイル資料作成法の指導
７，情報源の読み比べ・・・おなじ日の新聞４紙を読み比べる
８，レポートを作ろう①　テーマ決定と資料のリストアップ
９，レポートを作ろう②　情報カード作成
10，レポートを作ろう③　情報カード作成
11，レポートを作ろう④　下書き
12，レポートを作ろう⑤　下書き・清書
13，レポートを作ろう⑥　清書完成、廊下掲示

**2学年…1. MY　FAVORITES　II・・・NDCの体験的理解II**
**2. 参考図書の利用法II①**
**3. 参考図書の利用法II②**
**4. 情報を比較する！**
**5. 様々なレポートの作成法と発表法**
**6. レポートを作ろう！①**
**7. レポートを作ろう！②**
**8. レポートを作ろう！③**
**9. レポートを作ろう！④**
**10～13. レポートを発表しよう！①～④**
**※この年度は西区の「キャリア教育」が当たったので、5～のレポート作成に関しては内容を職業についてに限定し、総合＜情報＞と総合＜共生ー職業＞との一体化を図って実施した。1クラスずつ時間割の中に組み込み、1クラス1人の情報担当者が指導した。つまり、5回目以降の共生との相乗りの部分（職業調べ）についても、その担当者が情報の指導と共生の指導を兼ねて指導したことになる。**

３学年…Ⅲ期の共生とあわせて「生き方」について、コンピュータを使って「卒業論文」を書く。

## 2008（平成20）年度　総合＜情報＞実施状況

**学年**・・・全学年で。
**時数**・・・１・２学年はⅡ期に１３時間ずつ。３学年はⅡ期に１０数時間入るが、Ⅲ期の共生（生き方）とあわせて１５時間以上。時間割の中に１クラスずつ入る形で（３年Ⅲ期の共生は一斉）。
**担当**・・・教科のように１クラスずつ１人の情報担当者が指導する形。
**原案**・・・１・２年は司書教諭が作成、３学年については昨年度と同じ指導案で。
１学年…１，参考図書ってなあに？・・・百科事典
２，参考図書ってなあに？・・・年鑑と図鑑
３，参考図書ってなあに？・・・いろいろな参考図書でクイズにチャレンジ！①
４，参考図書ってなあに？・・・いろいろな参考図書でクイズにチャレンジ！②
５，レポートを作ろう①　テーマ決定と資料のリストアップ
６，レポートを作ろう②　情報カード作成
７，レポートを作ろう③　情報カード作成
８，レポートを作ろう④　下書き
９，レポートを作ろう⑤　下書き・清書
10，レポートを作ろう⑥　清書完成、廊下掲示

第4章

11（~12），新聞の読み方とその利用・・・ファイル資料作成法の指導
12~13，情報源の読み比べ・・・おなじ日の新聞を読み比べる

２学年…１，MY　FAVORITES　Ⅱ・・・ＮＤＣの体験的理解Ⅱ
２～３，参考図書の利用法Ⅱ①②
４，様々なレポートの作成法と発表法
５，レポートを作ろう！①
６，レポートを作ろう！②
７，レポートを作ろう！③
８，レポートを作ろう！④
９~11，レポートを発表しよう！①～③
12~13，情報を比較する！

３学年…Ⅲ期の共生とあわせて「生き方」について、コンピュータを使って「卒業論文」を書く。

## 2009（平成21）年度

１・２年生はほぼこの２００８年度の形（内容の順番の変更はある）で時間が１４時間ずつに増えた。３学年は時数の関係で「卒業論文」はなくなった。

## 2010（平成22）年度

１年生のみほぼ２００９年度のような形で１５時間程度行い、２年生は総合＜情報＞という形ではなくなった。しかし、２年生の２学期末～３学期にかけて前年度まで総合＜情報＞で行っていたもののうち特にレポート作成とその発表の部分に焦点を当て、総合＜職業＞の中の「職業リサーチ」という形で、寄託図書を使い、各学級をミニ図書館のような形にして実施した。以下は実際の計画である（ただしインフルエンザ流行によって少々変更があった）。

１２月　１日（水）①職業にはどんなものがあるか？新聞等からいろいろ情報を集める。
②これからのリサーチに向けて計画を立てる。（何について調べるか？レポートの形式と発表方法をどうするか？を決める。）
１５日（水）③情報カード作成１　④情報カード作成２
２２日（水）⑤情報カード作成３
１月１９日（水）⑥下書き１　⑦下書き２
２６日（水）⑧下書き３　⑨清書１
２月　２日（水）⑩清書２　⑪清書３
９日（水）⑫発表会１　⑬発表会２
１６日（水）⑭発表会３　⑮発表会４
２３日（水）⑯学年発表会　⑰今年度の総合学習を振り返って（まとめ）

## 2011（平成23）年度

時間の関係で１年生の総合の時間も減り、１５時間の総合＜情報＞はなくなった。昨年度の２年生の「職業リサーチ」はこの年度も昨年度同様、２年生で実施された。
１学年総合「情報活動」の中でレポートの作成法については実施された。

料を使って指導する時期、学年、内容を書いてください」という旨のアンケートを実施し、そこから学び方の指導と資料活用学習の全体計画表を作る。この2つは融合指導をすることが多いので、あえて一緒にした。ただし、その中でどういう学び方の指導をするかについては、2004年に全国学校図書館協議会から出された体系表（138ページ）の、中学校分を抜き出して番号をつけた項目表（113ページ資料3）から選んでもらうようにした。この場合、よくわからないという方にはこちらから提案して番号を当てはめる。この方法でまとめたのが、114ページの資料4である。これなら司書教諭の独りよがりな計画でもないし、皆の声をまとめることで全体計画ができるのだ。これを4月の中ごろまでに作り、情報教育委員会（116ページ **6**参照）で事前に検討してもらってから職員会議に提案し、決定する。その後さらに、研修会でも説明し、実践に向かうことになる。

## 5 あとはひたすら実践。広報も有効

計画さえできてしまえば、あらゆるところに掲示して目に留まるようにする。職員会議や研修会に一度や二度計画を出しただけでは、忘れられることも多いからだ。そして、実践の時期が近くなったら、その実践のための図書館資料リストやパスファインダーなどを持って担当者のところへ行き、準備の相談をする。あとはひたすら実践あるのみ。事前事後も含めて、できるだけ学校図書館として支援する。TTとしての司書教諭や学校司書の参加も効果的である。

# 情報・メディアを活用する学び方の指導項目

※これは全国学校図書館協議会の「情報・メディアを活用する学び方の指導体系表」(2004年4月制定）の中から中学校分だけを抜き出し、項目ごとに番号をつけたものです。

## 〈Ⅰ　学習と情報・メディア〉

○学習の方法を考える
1．いろいろな学習方法
2．学習計画の立て方

○情報・メディアの種類や特性を知る
3．印刷メディア
4．視聴覚メディア
5．電子メディア
6．人的情報源

○図書館の役割を知る
7．学校図書館
8．公共図書館
9．その他の施設
10．ネットワーク

## 〈Ⅱ　学習に役立つメディアの使い方〉

○図書館を利用する
11．分類の仕組み
12．配架の仕組み
13．目録の種類
14．レファレンスサービス

○各種施設を利用する
15．博物館
16．資料館
17．美術館
18．行政機関
19．その他の施設

○目的に応じてメディアを利用する
20．参考図書
21．新聞、雑誌
22．ファイル資料
23．視聴覚メディア
24．電子メディア

## 〈Ⅲ　情報の活用の仕方〉

○情報を収集する
25．各種メディアの活用
26．人的情報源の活用

○効果的な記録の取り方を知る
27．ノートの作成法
28．カードの作成法
29．切り抜き、ファイルの作成法
30．ＡＶ機器等を使った記録の取り方
31．コンピュータを使った記録の取り方

○情報を分析し、評価する
32．目的に応じた評価
33．複数の情報の比較、評価

○情報の取り扱い方を知る
34．インターネット
35．著作権
36．情報モラル
37．個人情報

## 〈Ⅳ　学習結果のまとめ方〉

○学習の結果をまとめる
38．評価した情報の整理
39．伝えたいことの整理
40．自分の考えのまとめ方
41．レポートによるまとめ方
42．紙面によるまとめ方
43．コンピュータを使ったまとめ方
44．資料リストの作成

○まとめたことを発表する
45．レポートによる発表
46．口頭による発表
47．展示、掲示による発表
48．実演による発表
49．写真、ＡＶ機器を使った発表
50．コンピュータを使った発表

○学習の過程と結果を評価する
51．調査、研究の方法
52．調査、研究の過程
53．成果の評価
54．相互評価

資料4　アンケートをもとに検討してできた利用と指導の計画

## 指導に関わる計画　文化部図書係（司書教諭）

| | 美術 | 技術・家庭 | 英語 | 総合的な学習の時間 | その他 |
|---|---|---|---|---|---|
| | | 1年技 コンピュータ基礎（5,24,31）<br>3年技 コンピュータ習熟（24,31）<br>2年家　地域の食文化調べ | 3年<br>ノート作成法<br>（27） | 全・図書館オリエンテーション（7,11,12,14）<br>1年芸術の森（札幌の彫刻）<br>2年白老登別方面 | 全・朝読書<br>（寄）通年<br>全・図書館学活 |
| | | （20,25,28,32～35,38～41） | 3年<br>辞典指導<br>（20） | 3年函館・ニセコの観光・自然<br>（32,33,35,38,39,41,42,47） | 全・子どもの読書週間での利用 |
| | | | 2年<br>辞典指導<br>（20） | | 全・学校祭での利用 |
| | | | 1年<br>辞典指導<br>（20） | | 1～3年道徳　タバコ・アルコール・ドラッグ関連学級文庫（寄）<br>全・夏休み長期貸出 |
| | | | | | |
| | | | | | |
| | | 1年技　材料調べ<br>（20,25,28,32～35,38～41） | | 2年キャリア | |
| | | 3年技<br>コンピュータ習熟<br>（43,50） | | （32,33,35,38～42,45～47,53,54） | |
| | | 1年家　朝食に向くメニュー（24） | | 1年情報のまとめ方（情報） | 全・校内読書週間<br>図書館学活 |
| | | 2年技<br>コンピュータ習熟<br>（5,24,31,36） | | 1年生き方(共生・キャリア)<br>2年職業リサーチ(32,33,35,38～42,45～47,53,54) | 全・冬休み長期貸出 |
| | | | | | |
| | | 2年家　幼児を取り巻く環境（21） | | | |
| | | | | | |
| | | | | | |

（寄）は寄託図書の活用を示す。

（　）内の番号は資料3の「情報・メディアを活用する学び方の指導項目」の番号を示している。

## 2012（平成24）年度　○○中学校図書館及びその資料の利用と

| | 国語 | 社会 | 数学 | 理科 | 音楽 | 保健体育 |
|---|---|---|---|---|---|---|
| 4月 | 1年MY FAVORITES（11,12,14,34,36）<br>全・辞典類の活用と指導（20）通年<br>1年辞典・事典の活用法（20）<br>1年インターネット活用（5） | | | 3年細胞分裂・遺伝DVD（24） | | |
| 5月 | 1年カードへの要約法（28）<br>2・3年文章の要約法（27,28） | | | | | 1年からだ呼吸循環機能（20,32,33,35,38～41） |
| 6月 | 2・3年短歌俳句指導（寄）（28,41） | | | 2年動物調べ（寄）（20） | | 2年環境・3年生活習慣病（20,32,33,35,38～41）（寄）<br>全・自分の体力を知る（24） |
| 7月 | 全・読書指導（寄）<br>全・感想文の書き方 | | | | | 2年環境（同上） |
| 夏休 | 全・読書感想文 | 1・2年歴史課題(寄)（32,33,35,38～41） | | 2年天気図調べ（21,24） | | |
| 8月 | ※全学年単元に沿った読書指導は随時行う。 | | | | | 2年環境（同上） |
| 9月 | 全・情報の比較（21） | | | | | |
| 10月 | 1年カードへの要約法（28）<br>3年古典調べ学習（寄）（20,41,46,53,54） | | | | | |
| 11月 | 2・3年文章の要約法（27,28）<br>1年読書感想スピーチ | | | | | |
| 12月 | 3年主張スピーチ（25,33,39,40,46,53,54）<br>1・2年読書指導 | | | | | |
| 冬休 | | | | | | |
| 1月 | 2年読書感想スピーチ | 1・2年地理課題（32,33,35,38～41） | 全・『数学の泉』の活用 | 2年天気図（21,25,29）<br>新聞活用 | | |
| 2月 | 1年「図書館探検！」（レポートの作成法） | | | | | |
| 3月 | （20～25,28,32～35,38～41,44,51～54） | | | | | |

また、広報で実践状況を教員全体に知らせるのも効果的である。例えば、「今、1年生は国語科の授業で情報カードの作成法や参考図書の利活用について学んでいます」などという内容をできるだけタイムリーに知らせると、他教科・他領域へも広がりやすくなるのである（117〜118ページ資料5参照）。

中学校にはとかく教科の壁があると言われるが、学び方の指導の内容には、教科間の共通項も多いのである。

## 6 情報教育委員会で計画とまとめを（選定・計画と廃棄・まとめ）

学び方の指導は学校全体から見ると、「情報教育」と重なる部分が大きい。そのものであると言ってもよいかもしれない。校内の情報教育の中心は「情報教育マイスター」であるべき司書教諭だという意見もある（中川一史ほか編著『情報教育マイスター入門』ぎょうせい、2008年）。

中学校にはコンピュータ導入のころにできた「情報教育委員会」といった名称の特別委員会があるところも多い。しかし、コンピュータ活用授業も当たり前になった今、この委員会が機能しているところは少ない。情報教育というのは、単にコンピュータ関連の技術指導ではないのに……。

そこで、できればそういう委員会を使って、なければ初めは「図書館利用連絡会」といったような名称でもよい。管理職、教科代表、学年の学級活動・道徳・総合的な学習の時間の担当者等が入った

資料5　教職員向け広報で活用状況を知らせる

# ○○中の学校図書館！

2012(平成24)年5月7日（月）　**教職員向け**司書教諭だより No.２９　発行；司書教諭 佐藤敬子



## 前期図書局員です。

ここに前期図書局員の名簿を載せる。局内役職等も。

同時に今年度第１回図書局会で局員に配ったものも配ります。

図書局活動の運営・指導に当たってのスポンサーとしての考え方等がわかると思います。お読み下さいね！

新入局員は１年生１２名と２年生２名。大変意欲的に仕事を覚えようと頑張っています。

２年生は主に「新入局員教育係」として毎日の仕事を１年生に教え、大変よい先輩ぶりを発揮しています。毎日の反省時に１年生に「優しく教えてくれる」と言われ、恥ずかしそうにしているのが可愛らしいのです。

３年生は最高学年としての雰囲気が出てきました。個性を生かして積極的に仕事を進めています。

# 今、図書館は・・・？

「こどもの読書週間」が始まって１週間、生徒達はじつに意欲的に図書館を利用しています。

今年の開館は4月１０日でした。軽く１００冊を超える貸し出しがあり、それからは毎日５０～９０冊くらいの貸し出し。「こどもの読書週間」が始まった２３日からは、１人5冊まで借りられるとあって、２００冊以上の日も・・・。毎日、昼休みは**長蛇の列**ができています。

特に意欲的なのは**1年生**。どんどん読み尽くそう！という勢いです。嬉しいことですね。

よく出ている「売れ筋」の本は…？というと、今のところ、**星新一**のショートショートシリーズ、宗田理の『**ぼくらの**七日間戦争』のシリーズ、『**空想科学読本**』シリーズ、『**No.6**』シリーズなどが目立ちます。図書館のコーナー本のものがよく借りられている傾向が強いと思います。あとはいつものマンガ（『ダーリンは・・・』シリーズとか『三国誌』とか『こげぱん』シリーズとか…）なども よく出ています。

## *国語科でどんどん活用！今週から保体も！！*

まず1年生の国語科でどのクラスも「**MY　FAVORITES**」が実施されました。これは本校で毎年行われているものです。

日本十進分類（NDC）の１～９番までの分類の中から「お気にいり」の本を分類ごとに１冊ずつ見つけ出し、１０種目完全制覇する・・・というもの。じつに単純ですが生徒はおもしろがって大変頑張り、本当に頭から湯気を出して走り回って探していました。体験的に分類とその在処を理解するのに役立ちます。２0分間で「制覇」できた子たちもけっこういましたよ！

また、教室では「**漢和辞典早引き大会**」で漢和辞典の引き方の理解と習熟を図ることもしました。

そして今度は、百科事典をはじめとする**参考図書コーナーで「クイズに挑戦！！」**。それらの参考図書を使って３１問のクイズに挑戦して全問制覇する・・・というものです。百科事典（今年の１年生は『ポプラディア』もあまり引いたことがなかったようです)、専門事典、図鑑、年鑑といった「参考図書」を実際に使ってみることで、楽しみながら引き方をおぼえるというのが狙いです。今回はこのあとすぐに保体科で情報カードも使って人体について調べ学習をするので、あわせて「情報カードの作り方」も実施しました。自分で見つけたクイズの「解答」を情報カードに書いていき、何枚作れるか意欲的に調べ、カードの書き方もマスターするというものです。

これらは全て新しくなった国語科の教科書にちょうどいい教材があるのを利用したものです。

本校では以前、総合＜情報＞の中でこれらほとんどを１年生で実施していたものが、国語科の教科書にほとんど入り、教科として実施するようになったというわけです。 **国語科の中でけっこう調べ学習を進めるための基礎が網羅されています**ので、他教科や総合等でどんどん調べ学習を！

**英語科も英和辞典を活用中!**

←１年生で早速活用中。

これでいつでも引けますね!!　本校寄託図書の「自校利用」です。

２の４，意欲的に！ビールに→
ついて調べ学習しました。

**総合でも!**

委員会（または連絡会）を置くとよい。とりまとめ役は司書教諭である。年に2回は必ず開き、その他は必要に応じて開く。主に図書館資料の選定と廃棄、学び方の指導・資料活用学習の計画とその実践結果について話し合い、それを職員会議に提案するのである。学び方の指導や資料活用学習の重なりなどもそこで見て意見を出し合い、計画をより体系的・有機的なものにできる。中学校の「教科の壁」もこういうところで「横のつながり」へと広がれば、学校全体の教育にとって大変よいことなのだ。ぜひ壁に穴をうがちたいものである（資料の例は１２０～１２１ページ参照）。

## 7 情報教育の成果をアンケートで「見える化」する

年度末には、学び方の指導を含む情報教育の定着度に関するアンケートを行う。それをまとめて**6**の情報教育委員会で検討・考察し、年度末反省に出すことができれば、学校全体の情報教育のさらなる推進には大変効果的である。その年度の反省点や弱い部分なども見えてくるし、次年度はどんな点に力を入れていけばよいかもわかる。そして次年度の計画に生かすのである（１２２～１２３ページ資料7）。新年度1回目の情報教育委員会では、この反省をもとに、学び方の指導の方向性についても話し合うことになる。

資料６　情報教育委員会での打ち合わせ資料

２０１２，４，１９（木）

# 第１回　〇〇中学校　情報活用及び情報教育委員会

【この会の役割と構成】

・図書館資料を含めたさまざまなメディアからの情報をどう活用させるか、またそのための教育をどう体系的に全校で進めていくか。そしてさまざまなメディアの選定・廃棄、活用・指導計画とその実践結果について話し合う（年間２回を予定するが、場合によっては不定期にもあり得る）。

・メンバーは教頭、教科担当者と司書教諭。
　〇〇教頭、〇〇（国語）、〇〇（社会）、〇〇（数学）、〇〇（理科）、〇〇（音楽）、〇〇（美術）、〇〇（保体）、〇〇（技家）、〇〇（英語）、佐藤敬（司書教諭）

【今日の内容】

１，図書館資料等のさまざまなメディアについて…見直し・保管・廃棄等。
２，今年度の生徒用図書購入予算（市費）と資料選定について
３，今年度の「利用と指導に関わる計画」について

●本校の蔵書の現状（２０１２年４月１９日現在）

まだ昨年度末に発注した資料が来ていないため、今後さらに増えて１３９６７冊になる予定。昨年度末の発注分で、札幌市の方針として平成５年の文部省（当時）による「学校図書館図書標準」（中学校２１学級で１４５６０冊）を１００％達成したようである（本校分の１３９６７冊だけではなく寄託図書も含めると達成したらしい）。

| 分類と主な関係教科・分野 | 冊数 | 比率（％） | 配分比率（％）（冊数） |
|---|---|---|---|
| ０（総記） | ６１４ | ４．７ | ６（　７１９） |
| １（哲学）…生き方 | ２５５ | １．９ | ３（　３５９） |
| ２（歴史・地理）…社会 | １２８８ | ９．８ | １７（２０３７） |
| ３（社会科学）…社会<br>福祉・職業・生き方 | １５１８ | １１，５ | １０（１１９８） |
| ４（自然科学）…数学・理科<br>保健体育 | １２１１ | ９，２ | １５（１７９７） |
| ５（工学・工業）…技術・家庭 | ６３１ | ４．８ | ６（　７１９） |
| ６（産業） | ２４１ | １．８ | ５（　５９９） |
| ７（芸術）…美術・音楽<br>保健体育・部活動 | ２０５５ | １５．６ | ８（　９５８） |
| ８（言語）…国語・英語 | ５６０ | ４．２ | ５（　５９９） |
| ９（文学）…国語・（英語）・朝読書 | ４８２８ | ３６．６ | ２５（２９９５） |
| 合計 | １３２０１ | １００ | １００ |

※「配分比率」は２０００年全国ＳＬＡ「学校図書館メディア基準」によるめやす。

【今年度の図書選定方針】

・配分比率に達していない分類の図書を重点的に増やしたい。特に植物、動物、産業。
・昨年度蔵書点検の結果により、２学期には廃棄をして資料の大幅更新を図る。
・「３」については多いが、本校の総合と大きく関わるのでこれも良いものを増やす。
・「９」についても多いが、朝読書との関係等もあり、良いものを増やす。

【係の先生にお願いしたいこと】

・教科等での活用計画と実践結果の取りまとめ。
・教科での活用の推進。
・総合・道徳・特活での活用も視野に。
・購入する資料について積極的に教科から要望を出していただきたい。特に５月のカタログフェアではかなりカタログも出そろうので、積極的に購入希望を。
・図書館資料の鮮度につねに関心を持ち、使えないものについて積極的にご意見を。

2012（平成24）年度　**第2回　〇〇中学校　情報活用及び情報教育委員会**　2013,3,4（月）

【この会の役割と構成】

・図書館資料を含めたさまざまなメディアからの情報をどう活用させるか、またそのための教育をどう体系的に全校で進めていくか。そしてさまざまなメディアの選定・廃棄、活用・指導計画とその実践結果について話し合う（年間２回を予定するが、場合によっては不定期にもあり得る）。

・メンバーは教頭、教科担当者と司書教諭。

〇〇教頭、〇〇（国語）、〇〇（社会）、〇〇（数学）、〇〇（理科）、〇〇（音楽）、〇〇（美術）、〇〇（保体）、〇〇（技家）、〇〇（英語）、佐藤敬（司書教諭）

【今日の内容】

１，今年度の予算とその執行について（今年度予算・・・４５０７００円）

２，今年度の「利用と指導に関わる計画」（＝情報活用及び情報教育の計画）の実践状況とそのまとめについて（含アンケート）

３，図書館資料の廃棄について

●本校の蔵書の現状（３月４日現在）

今後微増の予定。廃棄したいが、札幌市の方針として平成５年の文部省（当時）による「学校図書館図書標準」（中学校２１学級で１４５６０冊）の１００％を達成したばかりなのでまだ廃棄しないでほしいとの由。「廃棄伺い」くらいは出す予定。

| 分類と主な関係教科・分野 | 冊数 | 比率（％） | 配分比率（％）（冊数） |
|---|---|---|---|
| ０（総記） | ７１９ | ５．１ | ６（　８５２） |
| １（哲学）…生き方 | ２９２ | ２．１ | ３（　４２６） |
| ２（歴史・地理）…社会 | １３８７ | ９．８ | １７（２４１４） |
| ３（社会科学）…社会<br>福祉・職業・生き方 | １６４５ | １１，６ | １０（１４２０） |
| ４（自然科学）…数学・理科<br>保健体育 | １３０２ | ９，２ | １５（２１３０） |
| ５（工学・工業）…技術・家庭 | ６７９ | ４．８ | ６（　８５２） |
| ６（産業） | ３５７ | ２．５ | ５（　７１０） |
| ７（芸術）…美術・音楽<br>保健体育・部活動 | ２１９０ | １５．４ | ８（１１３６） |
| ８（言語）…国語・英語 | ５９７ | ４．２ | ５（　７１０） |
| ９（文学）…国語・（英語）・朝読書 | ５０３４ | ３５．４ | ２５（３５５１） |
| 合計 | １４２０２ | １００ | １００（１４２０２） |

※「配分比率」は２０００年全国ＳＬＡ「学校図書館メディア基準」によるめやす。

【今年度の図書選定方針とその結果について・・・今年度購入資料は別紙】

・配分比率に達していない分類の図書を重点的に増やした。特に植物、動物、産業。

・総合や教科学習に活用する資料を増やし、進路に関する資料を廃棄・更新する予定だったが廃棄ができていない。とりあえず別室によけてある。廃棄伺いを出し、廃棄自体は来年度になるものと思われる。

・「３」については多いが、本校の総合と大きく関わるのでこれも良いものをさらに増やした。

・「９」についても多いが、朝読書との関係等もあり、良いものを増やした。

【係の先生にお願いしたいこと】

・教科での実践結果の取りまとめ。…**１１日（月）までに司書教諭へ。**　**21日(木)の職員会議に出します。**

・教科等の分野で廃棄対象の資料を積極的に検討していただきたい。データ、法規、ルール等、現状にそぐわなくなったものを中心にしたい。

## ○○中学校 情報教育・学び方の指導・情報リテラシー教育に関するアンケートまとめ

2013,3,21　司書教諭

総合や教科等での調べ学習などで、図書館やそのメディア（図書・寄託図書・新聞・雑誌・電子メディア等も含む）や、それらからの情報の活用について、今年度の本校生徒はどの程度の力をつけたと思うか？・・・を、各教科と１・２年の総合に分けてお聞きしてまとめたものです。

### Ⅰ，学習に役立つメディアの活用は？

①生徒の、図書館の分類や配架の仕組みについての理解度は？②生徒は参考図書（辞典・事典・図鑑・年鑑・地図等）を活用しようとするか？③生徒は新聞を活用しようとするか？④生徒の視聴覚メディアを活用しようとするか？⑤生徒は電子メディアを活用しようとするか？

**Ⅰ，①～⑤を通して全体的にどう思いますか。こうするとよいというご意見も大歓迎です。**

- 1 年生の早い段階から基本的な事柄を指導していく現状が功を奏して学年が上がるごとに意識が根付いているようだ。その一方でインターネットの利用に関しては安易な傾向もあるようだ。（国）
- 年度初めに時間を割いて情報について指導したことが後になってじわじわと効いてきたと思う。子供たちも図書館やその資料に親しみを持てた。図書館廊下の新聞コーナーの利用も活発。（国）
- 視聴覚メディアは教師側の授業作りで活用することが多い。・夏休み時に課題で図書館を利用させることが多く便利に使っていると思う。（社）
- 使う情報源が偏っているように思う。・日常的に新聞を「活用」までしている生徒は少ないのではないか。国語科３年でコラム要約をしている子は見かける。（理）
- 授業では積極的に活用していた。・特に①と②。大変助かるので継続したい。・電子メディアを図書館内で活用するのは難しい。（保）
- 生徒は参考図書を使ってよく調べていると思う。（美）
- 年度当初の図書館オリエンテーションは新担任にとってもありがたい。生徒が活用するときの動きが積極的で図書館を活用して調べるノウハウがあるのだと思った。（家）
- 以前よりコンピュータを取り扱う体験度が高いように思う。（技）
- 新教科書に辞書活用コーナーがあり導入しやすかった。和英は自己紹介に活用できた。・和英は古いので頻繁に使うようなら新しいものがあればと思う。現段階程度なら支障ない。・授業でもう少し気軽に PC を使える設備があるとよいと思う。・英作文で和英を活用しようとする生徒が多いがさらに英和も引いて･･･とまではいかないのが残念。・英和の使いやすいものが生徒数分あるとよい。（英）
- 生徒は視聴覚メディアよりも電子メディアに頼りがちなのでは？・与えられた資料を活用する意欲はある。・『数学の泉』をもっと活用させるように引き継ぎたい。（数）
- １年総合では積極的かつ効果的にいろいろな資料を活用している。各教科で繰り返し指導されたことが効果的だったと思う。視聴覚メディアをどう使っていくかは課題か。また、目次・索引の使い方が今ひとつだと感じた。
- ２年総合では生徒はすぐに参考図書を活用しようとするので、②の力はついてきていると思う。

### Ⅱ，メディアから得た情報の活用の仕方について

①生徒の、参考図書を活用した情報収集力はあるか？②生徒の、新聞を活用した情報収集力はあるか？③生徒の、視聴覚メディアを活用した情報収集力はあるか？④生徒の、電子メディアを活用した情報収集力はあるか？⑤生徒の、人的情報源（手紙・電話等による取材・直接インタビューなど）を活用した情報収集力はあるか？⑥生徒の、情報カード作成能力はあるか？⑦生徒の、切り抜き等のファイル作成能力はあるか？⑧生徒の、ＡＶ機器等を使って記録する力はあるか？⑨生徒の、コンピュータを使って記録する力はあるか？⑩生徒は目的に応じて適切な情報を活用できていると思いますか？⑪生徒は、自分が得た複数の情報を比較・選択して使っていると思いますか？⑫生徒はインターネットの情報を正しく取り扱っていると思いますか？⑬生徒は著作権について正しく知り、取り扱っていると思いますか？⑭生徒は情報モラルを守っていると思いますか？⑮生徒は個人情報の取り扱いについて正しく行動していると思いますか？

**Ⅱ，①～⑮を通して全体的にどう思いますか。こうするとよいというご意見も大歓迎です。**

- 生徒は経験すればするほど身についていくことを実感した。説明文指導でも積極的に情報カードを使うなどして、情報の指導が身近なものになるよう工夫したい。・生徒が情報を比較する学習ができたのはよかったと思うが、身につくためには各教科のレポート作成の折などに繰り返し指導していく必要がある。（国）
- 情報モラルの件も含めて今年２回、非行化防止講演会ができたのはよかったと思う。情報カードについては結構指導できていると思う。（社）
- 複数の情報を比較して精査するという習慣はないように思う。・⑪については時間のゆとりがなく指導がなかなか難しいと思う。（理）
- 生徒は視聴覚メディアを活用した情報収集はできると思う。（美）
- レポート提出物を見るとよく調べ上手にまとめている生徒が多いと思う。・多くの教科で取り組む

ことで生徒たちが普通の感覚でできるようになるのだと思う。・⑬⑮についてあまりよくわかっていない生徒も見られた。・⑬⑭⑮についてはより指導していく必要がある。（保）
・１年生はまだ活用まではできていないようだ。・情報モラルについては授業で指導はしているがまだいろいろな問題が出てしまうのが残念だ。（技）
・⑨～⑮についてはまだしっかりできてはいないと思う。（数）
・１年総合では国語科で学習したことを生かせたと思う。ただ、情報を比較し、客観的に見極める力が今後必要になると思う。そのために場を与えて生徒にもっと経験させることができればいいと思う。パソコンを使って調べることはできるが内容の比較や選択が上手でなく、丸写しに近い生徒もいる。

## Ⅲ，情報メディアを活用した学習結果のまとめ方について

①生徒は調べた情報を整理できていますか？②生徒は調べて伝えたい内容を整理できていますか？③生徒は調べたことについて自分の考えをまとめられますか？④生徒はレポート型式によるまとめができますか？⑤生徒は新聞型式によるまとめができますか？⑥生徒は紙面（模造紙等）や紙芝居等によるまとめができますか？⑦生徒は調べたことをコンピュータを使ってまとめられますか？⑧生徒は資料リストを作成できますか？⑨生徒は調べたこと等を口頭で効果的に発表できますか？⑩生徒は調べたこと等の成果を展示・掲示等で効果的に発表できますか？⑪生徒は調べたこと等の成果を写真・ＡＶ機器を使って効果的に発表できますか？⑫生徒は調べたこと等の成果をコンピュータを使って効果的に発表できますか？⑬生徒は調査研究の方法・過程・成果について適切に評価（自己も他にも）できますか？

**Ⅲ，①～⑬を通して全体的にどう思いますか。こうするとよいというご意見も大歓迎です。**

・３年スピーチの授業などでもグラフや紙芝居を使って、口頭だけの発表にプラスしてわかりやすくしようという工夫が見られた。このようにその時々の授業内容に応じて既習の事柄を生かそうとする姿勢は、学習の成果の表れだと思う。・集まった情報カードの保管等について無駄にならない取り組みの工夫ができればと思う。・１年レポート作成学習では読み手を意識させる指導により、わかりやすくまとめようという工夫が見られた。こういう指導を各教科で繰り返していく必要があると思う。（国）
・授業の中で、自分の考えをまとめ、発表する機会をもっと増やしていかなければいけないと思っている。（理）
・生徒は情報を整理してレポート形式にまとめることはよくできていると思う。（美）
・レポート形式に抵抗なくスムーズに取り組めている。・さらに経験を積ませるとよい。・１年次からの基本的な押さえができているので、おおむね達成できていると思う。次年度以降もぜひ継続していきたい。・コンピュータを活用したまとめ方にも取り組んでみたい。（保）
・情報整理の時間を教科内ではとってやれなかったため、情報を書き写すだけになった生徒もいたのが残念。（家）
・まとめはできると思うが、他人の意見や考えに引きずられすぎる傾向がある。・コンピュータを使ってある程度まとめることはできるが、よく考えてという点ではまだ十分ではない。（技）
・１年総合では、個人差はあるが自分の言葉で自分の考えを入れて工夫して発表できた生徒もいた。できたレポートを見ると、ある程度の形にはできているが、自分でまとめたものと引用したものとの区別をつけさせるとよい。限られて時間でのまとめなので十分ではないがその分だけ成果は上がるものだと思う。
・２年総合では、レポート発表を個人で皆の前でするのは初めてだったようで、個人差があった。レポートをそのまま読んでしまう子が多かったように思う。

**<アンケート結果についての考察>**

・参考図書の活用や情報カード作成、レポート作成については教科や総合を通して連携して行ってきたので、ある程度の力はついたようである。コンピュータによる発表に至るまで、さまざまな形で効果的に、　情報の受け手を意識してわかりやすく発表する力を、学年を追って体系的に指導したい。そのためには　様々な教科や領域で繰り返して指導していくことが必要である。
・新聞活用については活用の仕方や比較の仕方を国語科で学習できたため、1年生については指導でき、意欲的に活用しようとする面も見られている。今後の教科や総合の中にも繰り返して継続指導していく必　要がある。新聞型式によるまとめ方なども指導できるとよい。
・情報活用やその能力の点では、情報を「適切に」取捨選択していく力、比較検討して選びとる力の必　要性が依然として指摘されている。国語科や新聞の例のみならず、あらゆる面で繰り返し意識的に指導　していく必要がある。また、引用部分をはっきりとさせる指導も必要である。
・個人で口頭で発表する方法に習熟させる必要がある。単なる読み上げにならないような指導を、教科　や各領域を通じて一貫して繰り返し指導することが大切である。
・著作権・情報モラル・個人情報の取り扱いについてはおりにふれて、身につくように、繰り返し指導し　ていく必要がある。

## 8 学び方の指導は全校挙げて早いうちから!

「学び方の指導は全教科・全領域を通して計画的に」ということは、最近特に大切になってきている。以前は総合的な学習の時間に、この指導のかなりの部分を組み込んでいたが、近年は総合的な学習の時間自体の時数が減ってきた。しかし学び方の指導の重要性は変わらない。

そして最近は、学習指導要領や教科書を見ても、各教科の指導内容の中に学び方の指導の多くの部分がちりばめられるようになってきた。だからこそ、教科・領域を横断した計画作りが大切なのである。そのために情報教育委員会など委員会を開いたり、アンケートをとったりしながら、全体の理解の上で進めていく必要がある。

また、なるべく生徒が1年生のうちに、初歩的な内容をひと通り実施することが重要である。2～3年生の段階ではスキルと深化を求めた内容にしていくとよい。何でもそうだが、学び方の指導も「鉄は熱いうちに……」なのである。

コラム

## 年度初めと年度末は特に忙しい！

ここで、1年間の学び方の指導の流れについて、実際の計画とまとめの例を挙げておきたい（月日はおおよそ）。

学び方の指導の推進に当たっても、普通の教育活動と同じように、計画→実践→結果のまとめと反省→次年度に生かす……というサイクルが大切なのである。

［年度初めの例］

| | |
|---|---|
| 4月1日 | 学校図書館利活用と学び方の指導に関するアンケートを全教員に出す。 |
| 3日 | 当面のことに関する職員会議に、図書館の基本的な約束と学び方の指導の最低限のポイントを提示。 |
| 10日 | アンケートをまとめて計画表を作り、情報教育委員会を開く（検討。年間の図書予算等についても）。 |
| 15日 | 職員会議で図書館運営計画とともに、学校図書館利活用とその指導についての計画を出し、決定。 |
| 5月2日 | 第1回研修会で学び方の指導や情報教育全般についての研修をする。 |

※学期のおわりごとにも、職員会議で学校図書館の利用状況を提示。その中に学び方の指導や利活用の状況についても入れておく。

［年度末の例］

| | |
|---|---|
| 2月15日 | 学び方の指導の生徒への定着度に関するアンケートを全教員に出す。 |
| 3月2日 | アンケートをまとめたものを第2回情報教育委員会に出し、検討。年度初めの利活用と学び方の指導等についての計画も委員全員で見てから、実践結果をまとめる。 |
| 15日 | 職員会議で学校図書館の年度末反省とともに、実践結果やアンケートのまとめ等も出す。 |

こぼれ話

## 「授業中にトントン」

ある中学校では、「総合的な学習の時間」の中に「情報」という分野を設定していた。そして、学校図書館を中心にした学び方の指導を、まるで教科のように担当者を決めて、1学級ずつ行っていたことがある。

私が赴任してからその時間は、「図書館を使って2年生で5時間」から、コンピュータ室も使って「1・2年生で各15時間程度」まで拡大した。指導内容は結局同じことだから……と、途中から図書館だけを使うようになった。

担当者はいろいろな教科の教員であり、その指導案は司書教諭の私が作る。当然、指導の仕方についてはレクチャーしなければならない。その指導が始まる前に、毎回、担当者全員が集まり、私の説明を聞き、それをもとに担当学級で指導する、という形だった。

私も、自分の担当教科である国語科の授業を週に20時間近く持った上に、それとは別に、この指導案作りやレクチャーをするのだから大変だったが、今まで図書館や学び方の指導に関わったことのない教員も、自分の専門外の指導をするのだから、まず理解しなくてはならない。皆、真剣にレクチャーに参加していたが、どうしても日ごろの疲れからか眠くなる人もいる。

その日もちょっと居眠りしてしまったM先生……。気にはなっていたが、寝ていても意外とちゃんと聞いていることが多いので、大丈夫だろうと思っていた。

しばらくたってある日。私が自分の国語科の授業をしていると、入口にトントンとノックの音が。何だろう？　と思って開けてみるとM先生が立っていた。手には「情報」の指導案。ご自分も「情報」の授業中だが、どうしてもわからなくなったところがあって、それを聞きに来たのだった。これには苦笑。「先生、居眠りしてるからですよ」と心の中で言いつつ、説明したら喜んで戻っていった。全く！　と思ったが何だかとてもおかしい出来事だった。よくだじゃれを飛ばして場をしらけさせる面白いおじいちゃん先生であった。憎めない人柄は得である。

## ２００９年度　**1学年総合＜情報＞の計画**

皆さんは「情報」と聞くと何を思い浮かべるでしょうか？すぐコンピュータを思い浮かべる人もいますが、私たちに情報を提供してくれるのはコンピュータだけでしょうか？

実はいろんなものがありますね。紙に書いてあるものや「人」だって重要な情報源です。今回は１２時間にわたって、**図書館の中にある様々な情報媒体《ばいたい》(情報を提供してくれるもの)を使って、どう情報を集め、選び、それをもとに新しい情報を自分で創り出して他の人に発信・提供していくか・・・ということをじっくり学ぶのです。**

さて、それでは、その計画を見てみましょう。

１，参考図書ってなあに？・・・百科事典
　ねらい；百科事典の使い方を知り、調べられるようになる。特に索引の使い方。

２，参考図書ってなあに？・・・年鑑と図鑑
　ねらい；年鑑・図鑑について知り、調べられるようになる。特に年鑑の選び方と目次・索引の使い方。

３，参考図書ってなあに？・・・いろいろな参考図書でクイズにチャレンジ！①
　ねらい；上の２種類の他、辞典・地図・統計資料・白書等も含めた参考図書全般を使ってさまざまなことを調べられるようになる。

４，参考図書ってなあに？・・・いろいろな参考図書でクイズにチャレンジ！②
　ねらい；上の２種類の他、辞典・地図・統計資料・白書等も含めた参考図書全般を使ってさまざまなことを調べることに慣れる。

５～６，新聞の読み方とその利用①②・・・ファイル資料作成法の指導
　ねらい；新聞についてどこにどういうことが載っているのか、またそれらの内容の違いはどうなっているかを理解できる。
　自分の興味のある記事をスクラップする方法を体験的に理解できる。

７～８，情報源の読み比べ①②・・・おなじ日の新聞を読み比べる
　ねらい；同じ日の新聞４紙を比べ、情報源によって伝え方や扱い方がどう違うかを理解できる。

９，レポートの作り方と発表法①
　ねらい；レポートの種類や発表法の種類を理解できる。
　自分の調べたいテーマを決め、必要な情報源を見定めることができる。

10～12，レポートの作り方と発表法②③④
　ねらい；情報源から必要事項を情報カードにまとめることができる。

13～14，レポートの作り方と発表法⑤⑥
　ねらい；情報カードから構成して簡易レポートにまとめることができる。

＜出来たレポートは掲示＞

# ２００９年度　2学年総合＜情報＞の計画

皆さんは「情報」と聞くと何を思い浮かべるでしょうか？すぐコンピュータを思い浮かべる人もいますが、私たちに情報を提供してくれるのはコンピュータだけではありませんでしたね。本、雑誌、新聞、パンフレット、リーフレットなど、紙に書いてあるものや、「人」だって重要な情報源でした。

去年の２学期に「情報」の総合学習をしたのを覚えているでしょうか。今年も１４時間にわたって、**図書館の中にある様々な情報媒体《ばいたい》(情報を提供してくれるもの)を使って、どう情報を集め、選び、それをもとに新しい情報を自分で創り出して他の人に発信・提供していくか・・・ということを、去年よりさらにランクアップしてじっくり学びます。**

さて、それでは、その計画を見てみましょう。

１，MY　FAVORITES　Ⅱ・・・ＮＤＣの体験的理解Ⅱ
　　ねらい；１年の時、国語科で学習したＮＤＣについて、体験的に再確認できる。

２～３，参考図書の利用法Ⅱ①②
　　ねらい；昨年度よりランクアップした問題に取り組み、さらに様々な参考図書を駆使して解決できる。

４～５，情報を比較する！
　　ねらい；（インターネット）・新聞・雑誌・図書等、同じ事を扱った、種類や地域の異なる情報源からの情報を比べ、その内容や伝えられ方の違いを理解できる。

６，様々なレポートの作成法と発表法
　　ねらい；レポートのさまざまな形式とその発表法を理解できる。

７，レポートを作ろう！①
　　ねらい；テーマを設定し，自分のレポートの形式や発表法を決定できる。
　　さまざまな情報源から必要な情報をカードにまとめられる。

８，レポートを作ろう！②
　　ねらい；さまざまな情報源から必要な情報を比較しながらカードにまとめられる。

９～11，レポートを作ろう！③～⑤
　　ねらい；情報カードから、それを比較・検討しながらレポートを作成できる。

12～14，レポートを発表しよう！①～③
　　ねらい；さまざまなレポート発表を聞き合い、さまざまな方法を理解できる。

## 「情熱の時間」

この総合的な学習の時間の「情報」は、縮めて「総合〈情報〉」と呼ばれていた。時間割には「情」と書かれている。

ある日、3年生のあるクラスで、日直が翌日の時間割を帰りの会で確認するとき、「情報」を「情熱」と言い間違えた。明るい性格の生徒だったので、皆のブーイングにも「情熱を持って取り組みましょう」とフォロー。皆喜び、「それ以来、うちのクラスでは〈情報〉の時間は『情熱』の時間になったんですよ」と楽しそうに学級担任が話してくれた。

楽しく情熱を持って学び方の学習をする。大変よいネーミングである。

## 「あっ、参考資料書くの忘れた！」

これも総合的な学習の時間の「情報」を担当していたK先生の話。この先生は教科の授業も面白く熱心で、生徒たちからも評判がよい。この「情報」もしっかり指導していた。

ある日、この先生の学年が職員親睦会の忘年会幹事学年に。「忘年会の栞《しおり》」の担当はK先生だった。忘年会が始まり、皆、栞を手に和やかムード。するといきなり「あっ、参考資料、書くの忘れた！」というK先生の声が会場に響き渡った。ある本を参考にして、占いめいたものを余興で載せていたのだが、その出典となった本の書名等を記すのを忘れたことに突然気づいたらしい。これには皆、大爆笑。K先生は慌てて「この本からです！」と皆に示していた。確かに忘年会の栞にも参考資料の記述は必要かもしれないが、場が場だけにおかしくてたまらなかった。でも、私としては、先生方にきちんと意識が定着したことがとてもうれしかった。ありがとう、K先生！

「情報」の時間に参考図書クイズにチャレンジ
このクラスが「情熱の時間」と名付けた

第5章

# 学び方の指導が続いていくために

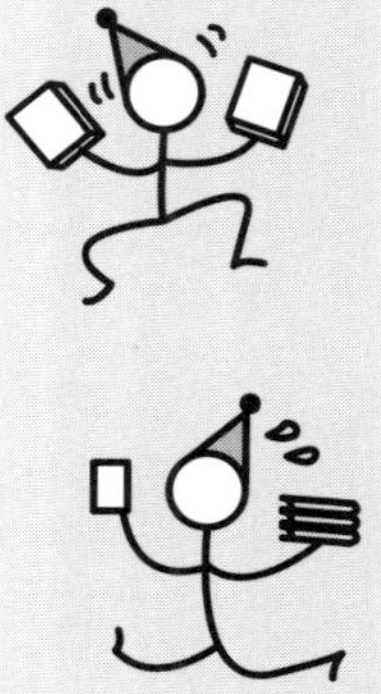

## 1 転勤に思うこと

公立学校では転勤がある。せっかく作った体系的な計画が軌道に乗り、学校全体で実践されるようになれば、生徒の学校図書館利活用の力もついてくるのだが、司書教諭など、中心になっている人物が転勤するとそれが崩れてしまう場合が多い。

こういう場合、鍵になるのは後任の司書教諭への「引き継ぎ」である。校内組織や実践していくための体制（協力体制も含めて）をきちんと作ることはもちろん大事だが、それ以上に大切なのは、それを中心になって実践していく「人」の意識や熱意がしっかり引き継がれることであろう。せっかく一つの体制を作り上げても、つないでいく「人」がいなくては体制は崩れ、組織自体も形骸化して衰弱する。そういう例は枚挙に暇がない。そうならないためにはやはり「人」なのである。

そして、そういう「人」を多く作り上げるのは、やはり研修の力によるところが大きい。

また、もし市内で1校だけこういう体制ができていたとしても、他校では全くその体制がない、学び方の指導が行われていない、ということであれば、それはその自治体全体の生徒たちの力にはならない。公教育として平等な教育がなされているとは言えないのではないかと思うのである。

学び方の指導は「チーム学校図書館」の中でも特に、学校図書館に関わる指導の推進役としての司書教諭に負うところは大きい。その司書教諭への研修はどうなっているだろうか。初めて司書教諭の仕事をする人への研修はあっても、その後は全くない自治体もある。また、研修が一切ない自治体もあるかもしれない。そして、もし研修があったとしても、この学び方の指導がしっかり組み込まれているのだろうか？

「探究的な学習」「アクティブ・ラーニング」という言葉がよく聞かれる昨今だが、そういう学習のためには、学び方の指導は必須である。すべての子どもたちが自ら調べ、自らの道を切り拓いていけるようになるためには、どこの中学校でも同じように、この学び方の指導ができるようにならなければいけない。自治体規模でこれを意図した教育行政（司書教諭への研修の充実、全学校での学び方の指導と図書館利活用計画の作成・推進、図書館教育推進のための校内協力体制の促進など）が行われるようになることが、未来を担う子どもたち皆のために重要なのではないだろうか。

## 2 おわりに

初めに書いたように、私は学び方の指導の重要性を知ってから、ずっと実践だけは続けてきた。いろいろな場で発表する機会をいただき、そのたびに自分の実践を確かめ、さまざまな方とつながり、ご指導いただいた。特に、ＳＬＡの全国大会では、毎回のように発表する機会をいただき、そのたびに新しい学びを得てきた。学校司書もいない、たった1人の図書館係教諭、たった1人の兼任司書教諭（活動時数確保もなし）として奮闘しながらも、もがいてきた結果の実践を全国の仲間と共有することで育てていただいたのだと思う。

２０１５年、私は教職を退いたが、司書教諭としての気持ちは持ち続けている。ちょっとふざけて聞こえるかもしれないが「独立系司書教諭」と名乗るゆえんである。

そして、この学び方の指導が広がり、これから伸びていく生徒たちの力になれば……と今も強く願い続けている。自分の力で情報をつかみ取り、真に「知る」ことは楽しい。そしてそれこそがその生徒の本当の力になると思うからだ。

この本の執筆にあたっては全国ＳＬＡの方々に多大なお力添えをいただいた。当時事務局長だった対崎奈美子先生に初めてお声をかけていただいてから、長い時が経ってしまった。気長に待っていてくださった方々に感謝したい。

また、この本を形にすることができたのは、なんといってもこれまで一緒に実践してきた全道・全国の多くの仲間たちのおかげでもある。すてきな仲間たちにも大いに感謝したいと思う。

表紙を描いてくれたのは、かつての教え子であり図書委員だった白井優子さんである。うれしい思いで相談し、すてきな表紙ができあがった。まるであの頃、新着図書の紹介ポスター作りを相談していたときのように懐かしかった。本当にありがとう。

私を支え続けてくれた家族にも感謝したい。そして何よりも、私の「調べたい」という気持ちに最初の灯をともしてくれた母に感謝して、この執筆を終えたいと思う。

皆さま、本当にありがとうございました。

二〇一六年　八月　佐藤敬子

# 参考資料

＊『教育に新聞を　実践報告書：2000年度』
北海道NIE推進協議会編、北海道NIE推進協議会事務局、2001年

＊『教育に新聞を　実践報告書：2001年度』
北海道NIE推進協議会編、北海道NIE推進協議会事務局、2002年

＊『こどもの本』
2002年9月号　日本児童図書出版協会

＊『学校図書館ABC：運営から指導まで：改訂3版』
学校図書館研修資料編集委員会編、全国学校図書館協議会、2004年

＊『教科の充実で学力を伸ばす』
中野和光編著、ぎょうせい、2004年

＊『情報教育マイスター入門』
中川一史ほか編著、ぎょうせい、2008年

＊『情報を学習につなぐ：情報メディアを活用する学び方の指導体系表解説』
全国学校図書館協議会編、全国学校図書館協議会、2008年

＊『実践資料集　学校図書館☆学び方の指導ワークシート集』
北海道学校図書館協会編、北海道学校図書館協会、2008年

＊『学びを拓く授業モデル：学校図書館から教育を変えるIII』
五十嵐絹子、藤田利江編著、国土社、2014年

＊『学校図書館の挑戦と可能性：困ったときには図書館へ２』
神代浩、中山美由紀編著、悠光堂、2015年

＊『学校図書館必携』
全国学校図書館協議会監修、悠光堂、2015年

＊　先生のための授業に役立つ学校図書館活用データベース
http://www.u-gakugei.ac.jp/~schoolib/htdocs/
東京学芸大学学校図書館運営専門委員会

データベースに以下の記事が掲載されている。
2012/12/02　「図書館活用を計画する」ってどうするの？
2014/06/26　九州から北海道へ ―札幌市立中学校 訪問記 1―
2014/07/15　佐藤先生の実践に憧れて ―札幌市立中学校訪問記その2―
2014/08/24　リニューアルから指導が始まる！
札幌市立中学校訪問記を受けて ―司書教諭奮闘記―

# 学校図書館法

（昭和二十八年八月八日法律第百八十五号）
最終改正：平成二七年六月二四日法律第四六号

**（この法律の目的）**

第一条　この法律は、学校図書館が、学校教育において欠くことのできない基礎的な設備であることにかんがみ、その健全な発達を図り、もつて学校教育を充実することを目的とする。

**（定義）**

第二条　この法律において「学校図書館」とは、小学校（義務教育学校の前期課程及び特別支援学校の小学部を含む。）、中学校（義務教育学校の後期課程、中等教育学校の前期課程及び特別支援学校の中学部を含む。）及び高等学校（中等教育学校の後期課程及び特別支援学校の高等部を含む。）（以下「学校」という。）において、図書、視覚聴覚教育の資料その他学校教育に必要な資料（以下「図書館資料」という。）を収集し、整理し、及び保存し、これを児童又は生徒及び教員の利用に供することによつて、学校の教育課程の展開に寄与するとともに、児童又は生徒の健全な教養を育成することを目的として設けられる学校の設備をいう。

**（設置義務）**

第三条　学校には、学校図書館を設けなければならない。

**（学校図書館の運営）**

第四条　学校は、おおむね左の各号に掲げるような方法によつて、学校図書館を児童又は生徒及び教員の利用に供するものとする。

一　図書館資料を収集し、児童又は生徒及び教員の利用に供すること。

二　図書館資料の分類排列を適切にし、及びその目録を整備すること。

三　読書会、研究会、鑑賞会、映写会、資料展示会等を行うこと。

四　図書館資料の利用その他学校図書館の利用に関し、児童又は生徒に対し指導を行うこと。

五　他の学校の学校図書館、図書館、博物館、公民館等と緊密に連絡し、及び協力すること。

2　学校図書館は、その目的を達成するのに支障のない限度において、一般公衆に利用させることができる。

**（司書教諭）**

第五条　学校には、学校図書館の専門的職務を掌らせるため、司書教諭を置かなければならない。

2　前項の司書教諭は、主幹教諭（養護又は栄養の指導及び管理をつかさどる主幹教諭を除く。）、指導教諭又は教諭（以下この項において「主幹教諭等」という。）をもつて充てる。この場合において、当該主幹教諭等は、司書教諭の講習を修了した者でなければならない。

3　前項に規定する司書教諭の講習は、大学その他の教育機関が文部科学大臣の委嘱を受けて行う。

4　前項に規定するものを除くほか、司書教諭の講習に関し、履修すべき科目及び単位その他必要な事項は、文部科学省令で定める。

**（学校司書）**

第六条　学校には、前条第一項の司書教諭のほか、学校図書館の運営の改善及び向上を図り、児童又は生徒及び教員による学校図書館の利用の一層の促進に資するため、専ら学校図書館の職務に従事する職員（次項において「学校司書」という。）を置くよう努めなければならない。

2　国及び地方公共団体は、学校司書の資質の向上を図るため、研修の実施その他の必要な措置を講ずるよう努めなければならない。

**（設置者の任務）**

第七条　学校の設置者は、この法律の目的が十分に達成されるようその設置する学校の学校図書館を整備し、及び充実を図ることに努めなければならない。

**（国の任務）**

第八条　国は、第六条第二項に規定するもののほか、学校図書館を整備し、及びその充実を図るため、次の各号に掲げる事項の実施に努めなければならない。

一　学校図書館の整備及び充実並びに司書教諭の養成に関する総合的計画を樹立すること。

二　学校図書館の設置及び運営に関し、専門的、技術的な指導及び勧告を与えること。

三　前二号に掲げるもののほか、学校図書館の整備及び充実のため必要と認められる措置を講ずること。

附　則　抄

**（施行期日）**

1　この法律は、昭和二十九年四月一日から施行する。

**（司書教諭の設置の特例）**

2　学校には、平成十五年三月三十一日までの間（政令で定める規模以下の学校にあつては、当分の間）、第五条第一項の規定にかかわらず、司書教諭を置かないことができる。

---

附　則（平成一九年六月二七日法律第九六号）　抄

**（施行期日）**

第一条　この法律は、公布の日から起算して六月を超えない範囲内において政令で定める日から施行する。ただし、次の各号に掲げる規定は、当該各号に定める日から施行する。

一　第二条から第十四条まで及び附則第五十条の規定　平成二十年四月一日

附　則（平成二六年六月二七日法律第九三号）

**（施行期日）**

1　この法律は、平成二十七年四月一日から施行する。

**（検討）**

2　国は、学校司書（この法律による改正後の学校図書館法（以下この項において「新法」という。）第六条第一項に規定する学校司書をいう。以下この項において同じ。）の職務の内容が専門的知識及び技能を必要とするものであることに鑑み、この法律の施行後速やかに、新法の施行の状況等を勘案し、学校司書としての資格の在り方、その養成の在り方等について検討を行い、その結果に基づいて必要な措置を講ずるものとする。

附　則（平成二七年六月二四日法律第四六号）　抄

**（施行期日）**

第一条　この法律は、平成二十八年四月一日から施行する。

# 情報・メディアを活用する学び方の指導体系表

2004 年 4 月 1 日 全国学校図書館協議会制定

| | Ⅰ 学習と情報・メディア | Ⅱ 学習に役立つメディアの使い方 | Ⅲ 情報の活用の仕方 | Ⅳ 学習結果のまとめ方 |
|---|---|---|---|---|
| 小学校低学年 | **○学習のめあてを持つ**<br>・学習テーマの選択<br>**○情報・メディアの利用法を知る**<br>・学校図書館のきまり<br>・学級文庫のきまり<br>・図書の取り扱い方<br>・コンピュータの使い方 | **○学校図書館を利用する**<br>・ラベルと配置<br>・レファレンスサービス<br>**○課題に応じてメディアを利用する**<br>・図鑑等の図書資料<br>・掲示、展示資料 | **○情報を集める**<br>・各種メディアの活用<br>・人的情報源の活用<br>**○記録の取り方を知る**<br>・抜き書きの仕方<br>・絵を使った記録の仕方<br>・気づいたことの書き方 | **○学習したことをまとめる**<br>・情報の整理　・感想の書き方<br>・絵や文章のまとめ方<br>**○学習したことを発表する**<br>・展示、掲示による発表<br>・紙芝居やペープサートによる発表<br>・OHP、OHCを使った発表<br>**○学習の過程と結果を評価する**<br>・調べ方　・まとめ方　・相互評価 |
| 小学校中学年 | **○学習計画の立て方を知る**<br>・学習テーマの選択<br>・調べ方の選択<br>**○情報・メディアの種類や特性を知る**<br>・図書　・視聴覚メディア<br>・電子メディア　・人的情報源<br>**○情報・メディアの利用法を知る**<br>・学校図書館、学級文庫のきまりや使い方<br>・公共図書館でのサービス<br>・図書の取り扱い方<br>・ネットワークの使い方 | **○学校図書館を利用する**<br>・分類の仕組みと配置<br>・請求記号と配架<br>・コンピュータ目録<br>・レファレンスサービス<br>**○その他の施設を利用する**<br>・公共図書館　・各種施設<br>**○課題に応じてメディアを利用する**<br>・国語辞典、地図等の図書資料<br>・ファイル資料<br>・掲示、展示資料<br>・視聴覚メディア<br>・電子メディア | **○情報を集める**<br>・各種メディアの活用<br>・人的情報源の活用<br>**○記録の取り方を知る**<br>・抜き書きの仕方<br>・切り抜き、ファイルの作り方<br>・要点のまとめ方　・表や図の作り方<br>・ノートのまとめ方<br>・AV機器等を使った記録の取り方<br>**○必要な情報を選ぶ**<br>・目的に応じた情報の選択<br>**○利用上の留意点を知る**<br>・インターネット　・著作権<br>・情報モラル　・個人情報 | **○学習したことをまとめる**<br>・情報の取捨選択、整理<br>・自分の意見のまとめ方<br>・絵や文章のまとめ方　・図や表の取り入れ方<br>・写真や音声の取り入れ方<br>・資料リストの作成<br>**○学習したことを発表する**<br>・展示、掲示による発表<br>・紙芝居やペープサートによる発表<br>・劇や実演による発表<br>・OHP、OHCを使った発表<br>**○学習の過程と結果を評価する**<br>・メディアの使い方　・調べ方<br>・まとめ方　・発表の仕方　・相互評価 |
| 小学校高学年 | **○学習計画を立てる**<br>・学習テーマの決定<br>・調べ方の決定<br>**○情報・メディアの種類や特性を知る**<br>・図書、新聞、雑誌<br>・視聴覚メディア<br>・電子メディア<br>・人的情報源 | **○学校図書館を利用する**<br>・分類の仕組みと配置<br>・請求記号と配架<br>・カード目録<br>・コンピュータ目録<br>・レファレンスサービス<br>**○その他の施設を利用する**<br>・公共図書館<br>・各種施設 | **○情報を集める**<br>・各種メディアの活用<br>・人的情報源の活用<br>**○記録の取り方を知る**<br>・切り抜き、ファイルの作り方<br>・要点のまとめ方　・表や図の作り方<br>・ノートのまとめ方<br>・記録カードの作り方<br>・自作資料の作成法 | **○学習したことをまとめる**<br>・情報の取捨選択、整理<br>・自分の考えのまとめ方<br>・絵や文章のまとめ方　・図や表の取り入れ方<br>・写真や映像、音声の取り入れ方<br>・コンピュータを使ったまとめ方<br>・資料リストの作成<br>**○学習したことを発表する**<br>・展示、掲示による発表 |

| | | | | |
|---|---|---|---|---|
| | ○**情報・メディアの利用法を知る**<br>• 学校図書館、学級文庫のきまりや使い方<br>• 公共図書館や各種文化施設でのサービス<br>• 図書の取り扱い方<br>• ネットワークの使い方 | ○**目的に応じてメディアを利用する**<br>• 漢字辞典、事典、年鑑等の図書資料<br>• 新聞、雑誌<br>• ファイル資料<br>• 掲示、展示資料<br>• 視聴覚メディア<br>• 電子メディア | • AV機器等を使った記録の取り方<br>• コンピュータでの記録の取り方<br>○**情報を比較し、評価する**<br>• 複数の情報の比較、評価<br>○**利用上の留意点を知る**<br>• インターネット　• 著作権<br>• 情報モラル　• 個人情報 | • 紙芝居やペープサートによる発表<br>• 劇や実演による発表<br>• 録音、ビデオ、OHP、OHCを使った発表<br>• コンピュータを使った発表<br>○**学習の過程と結果を評価する**<br>• メディアの使い方<br>• 情報の調べ方　• 情報のまとめ方<br>• 発表の仕方　• 相互評価 |
| **中学校** | ○**学習の方法を考える**<br>• いろいろな学習方法<br>• 学習計画の立て方<br>○**情報・メディアの種類や特性を知る**<br>• 印刷メディア<br>• 視聴覚メディア<br>• 電子メディア<br>• 人的情報源<br>○**図書館の役割を知る**<br>• 学校図書館<br>• 公共図書館<br>• その他の施設<br>• ネットワーク | ○**図書館を利用する**<br>• 分類の仕組み　• 配架の仕組み<br>• 目録の種類<br>• レファレンスサービス<br>○**各種施設を利用する**<br>• 博物館　• 資料館<br>• 美術館　• 行政機関<br>• その他の施設<br>○**目的に応じてメディアを利用する**<br>• 参考図書<br>• 新聞、雑誌<br>• ファイル資料<br>• 視聴覚メディア<br>• 電子メディア | ○**情報を収集する**<br>• 各種メディアの活用<br>• 人的情報源の活用<br>○**効果的な記録の取り方を知る**<br>• ノートの作成法　• カードの作成法<br>• 切り抜き、ファイルの作成法<br>• AV機器等を使った記録の取り方<br>• コンピュータを使った記録の取り方<br>○**情報を分析し、評価する**<br>• 目的に応じた評価<br>• 複数の情報の比較、評価<br>○**情報の取り扱い方を知る**<br>• インターネット　• 著作権<br>• 情報モラル　• 個人情報 | ○**学習の結果をまとめる**<br>• 評価した情報の整理　• 伝えたいことの整理<br>• 自分の考えのまとめ方<br>• レポートによるまとめ方<br>• 紙面によるまとめ方<br>• コンピュータを使ったまとめ方<br>• 資料リストの作成<br>○**まとめたことを発表する**<br>• レポートによる発表　• 口頭による発表<br>• 展示、掲示による発表　• 実演による発表<br>• 写真、AV機器を使った発表<br>• コンピュータを使った発表<br>○**学習の過程と結果を評価する**<br>• 調査、研究の方法　• 調査、研究の過程<br>• 成果の評価　• 相互評価 |
| **高等学校** | ○**学習の意味を考える**<br>• 学習とは何か<br>○**情報化社会とわたしたちの学習を考える**<br>• 現代社会と情報、メディア<br>• 学習と情報、メディア<br>• 情報、メディアの種類と特性<br>○**図書館の機能を知る**<br>• 学校図書館<br>• 公共図書館<br>• ネットワーク | ○**図書館を利用する**<br>• 分類の仕組み<br>• 配架の仕組み<br>• 目録の種類<br>• レファレンスサービス<br>○**各種施設を利用する**<br>• 博物館　• 資料館　• 美術館<br>• 行政機関　• 企業<br>• その他の施設<br>○**効果的にメディアを利用する**<br>• 参考図書　• 新聞、雑誌<br>• ファイル資料　• 視聴覚メディア<br>• 電子メディア | ○**情報を収集する**<br>• 各種メディアの活用<br>• 人的情報源の活用<br>• 調査、実験、体験などからの情報の入手<br>○**効果的に記録する**<br>• ノートの作成法　• カードの作成法<br>• 切り抜き、ファイルの作成法<br>• AV機器等を使った記録の取り方<br>• コンピュータを使った記録の取り方<br>○**情報を評価する**<br>• 情報源の評価<br>• 目的に応じた情報の比較、評価<br>○**情報の取り扱い方を知る**<br>• インターネット　• 著作権<br>• 情報モラル　• 個人情報 | ○**学習の結果をまとめる**<br>• 評価した情報の整理<br>• 自分の考えのまとめ方<br>• 目的に応じた記録のまとめ方<br>• 資料リストの作成<br>○**まとめたことを発表する**<br>• レポートによる発表<br>• 口頭による発表<br>• 展示、掲示による発表<br>• 実演による発表<br>• 写真、AV機器を使った発表<br>• コンピュータを使った発表<br>○**学習の過程と結果を評価する**<br>• 調査研究の方法と過程<br>• 成果の評価　• 相互評価 |

# 索 引

## 著者紹介

**佐藤 敬子**（さとう けいこ）

熊本市生まれの北海道育ち。

札幌市の国語科担当教諭、学校図書館担当係・兼任司書教諭として36年間勤務。

司書教諭としての活動で、平成17年度札幌市教育実践功績者表彰を受ける。

北海道SLA研究部部長を経て現在は理事。全国SLA学校図書館スーパーバイザー。「独立系司書教諭」でもある。

共著に、『教科の充実で学力を伸ばす』（ぎょうせい、2004）、『情報教育マイスター入門』（ぎょうせい、2008）、『実践資料集　学校図書館☆学び方の指導ワークシート集』（北海道SLA、 2008）、『学びを拓く授業モデル：学校図書館から教育を変えるIII』（国土社、2014）、『困ったときには図書館へ２：学校図書館の挑戦と可能性』（悠光堂、2015）、『学校図書館必携』（悠光堂、2015）がある。

趣味は旅と音楽。美術鑑賞。奈良と自然探索をこよなく愛す。

イラスト　佐々木 佳穂

表 紙 絵：白井 優子
イラスト：佐藤 敬子

DTP・ブックデザイン：ヒロ工房　稲垣 結子

**楽しく進める「学び方の指導」——中学校司書教諭のあゆみ**　分類017

2016年8月15日　初版第一刷発行

著　者　佐藤 敬子
発行者　森田 盛行
発行所　公益社団法人全国学校図書館協議会
〒112-0003　東京都文京区春日2-2-7
TEL 03-3814-4317（代表）　FAX 03-3814-1790
http://www.j-sla.or.jp
印刷・製本所　日経印刷株式会社

ISBN978-4-7933-0093-6　C3000